I0821445

LES OSTRACA GRECS ET COPTES
DU MONASTÈRE DE BAOUÎT

Serena Lopizzo

LES OSTRACA GRECS ET COPTES DU MONASTÈRE DE BAOUÎT

conservés à la Fondation Bible+Orient de l'université de Fribourg (Suisse)

INSTITUT FRANÇAIS D'ARCHÉOLOGIE ORIENTALE

BIBLIOTHÈQUE D'ÉTUDES COPTES 25 – 2016

Dans la même collection :

Anne Boud'hors et Chantal Heurtel, *Ostraca et papyrus coptes du topos de Saint-Marc à Thèbes*, 2015.

Maurice Martin, *Monastères et sites monastiques d'Égypte*, 2015.

Anne Boud'hors, *Le Canon 8 de Chénouté*, 2013.

Sarah J. Clackson et Alain Delattre, *Papyrus grecs et coptes de Baouît conservés au musée du Louvre*, 2014.

Anne Boud'hors, *Le Canon 8 de Chénouté*, 2013.

Catherine Thirard, *Survivance des sites monastiques paléochrétiens dans le Proche-Orient*, 2013.

Seÿna Bacot, *Octraca grecs et coptes de Tell Edfou*, 2009.

Florence Calament, *La révélation d'Antinoé par Albert Gayet*, 2005.

Anne Boud'hors, *Ostraca grecs et coptes de Baouit*, 2004.

Chantal Heurtel, *Les inscriptions coptes et grecques du temple d'Hathor à Deir al-Médîna*, 2003.

Gérard Viaud, *Les pèlerinages coptes en Égypte*, 1979.

Philippe Akermann, *Le décor sculpté du couvent blanc. Niches et frises*, 1976.

René-Georges Coquin, *Livre de la consécration du sanctuaire de Benjamin*, 1975.

ISBN 978-2-7247-0682-6 ISSN 1110-0001

Mise en page : Dina Alfred
Couverture : Ismaïl Seddiq

Sommaire

Remerciements

Je tiens à adresser mes plus vifs remerciements à Susanne Bickel, qui m'a fait confiance en m'offrant l'opportunité de m'occuper de ce lot d'ostraca inédits. Elle m'a soutenue et encouragée tout au long de mon travail, et m'a toujours prodigué de précieux conseils ; sa gentillesse et sa disponibilité ont été fondamentales pour la réussite de ce travail.

Un remerciement spécial à Anne Boud'hors, que j'ai eu la chance de rencontrer grâce à cette recherche et qui m'a accompagnée dans cette aventure pas à pas, toujours prête à m'aider et à partager avec moi toutes les difficultés.

Je témoigne toute ma reconnaissance amicale à Alain Delattre, qui a eu la patience d'étudier un par un tous les ostraca avec moi et de relire la version finale de mon travail.

Un grand merci à Pierre Cherix, qui m'a enseigné les rudiments de la langue copte, m'a soutenue et a rendu ce travail beaucoup plus précis dans la transcription des textes.

Je ne sais comment remercier Laurent Bavay pour avoir accepté de s'occuper de l'identification du type de céramique des ostraca : son travail, qui a malheureusement dû être mené sur la base de photographies des documents – et comporte donc une part d'incertitude –, m'a néanmoins énormément enrichie.

Je remercie tous ceux sans qui cette recherche ne serait pas ce qu'elle est, aussi bien par les discussions que j'ai eu la chance d'avoir avec eux que par leurs suggestions ou leurs contributions. Je pense ici en particulier à Florence Calament, ainsi qu'à Enzo Lucchesi et Paul Schubert.

Merci à Leonardo qui m'a toujours ouvert la porte de la fondation et m'a aidée à travailler dans de bonnes conditions, en dépit des difficultés.

Enfin, ces remerciements ne seraient complets sans mentionner Marc Antoine, qui a relevé le défi de rendre lisible mon français difficile.

Je remercie infiniment toutes ces personnes pour leur aide, leurs suggestions et leurs corrections très précieuses. Toutes les erreurs qui subsistent sont de mon fait.

Introduction

En 2005, grâce au don des héritiers d'un collectionneur privé, la Fondation Bible+Orient de l'université de Fribourg put enrichir sa collection d'un lot de soixante-huit ostraca grecs et coptes, qu'un médecin zurichois avait achetés dans les années 1950-1960 du siècle dernier 1950-1960 sur le marché de l'art égyptien, au prix moyen de 1000 piastres.

Ce lot fut immédiatement mis à la disposition des chercheurs qui n'eurent aucun mal à déterminer leur provenance, la formule « ϣⲓⲛⲉ ⲛⲥⲁ », présente sur la quasi-totalité d'entre eux, ne laissant aucune place au doute : les ostraca provenaient du monastère de Baouît, en Moyenne-Égypte[1].

Les textes écrits sur ces ostraca transmettent des ordres relatifs au transport de denrées (surtout de blé), introduits par la formule caractéristique « ϣⲓⲛⲉ ⲛⲥⲁ » : il s'agit donc de textes documentaires à insérer dans le cadre de la gestion économique du monastère. Ce fut d'ailleurs cette formule qui, en 2000, guida A. Boud'hors et un groupe de collègues de l'Ifao dans leur travail d'identification, d'étude et de publication de près de soixante-dix ostraca conservés dans les caves de cet institut.

La plupart des ostraca de ce type publiés jusqu'à aujourd'hui proviennent des fouilles menées par Jean Clédat au tout début du siècle dernier[2]. En 1900, pendant son séjour à Meir, qu'il consacra notamment à effectuer des relevés dans la nécropole du Moyen Empire, il eut la possibilité d'explorer aussi les régions avoisinantes. À une quinzaine de kilomètres au nord-est de Meir, il découvrit un site dont il sut tout de suite reconnaître l'importance grâce à un mur décoré affleurant d'un *kôm* – il allait par la suite y découvrir de nombreux autres monuments : J. Clédat avait retrouvé la trace du site de Baouît où se trouvait le monastère copte fondé par l'*apa* Apollô au IVe siècle[3]. Deux ans plus tard, il obtint l'autorisation de fouiller le site. Depuis lors, Baouît est un chantier de fouille des plus importants pour les coptisants[4].

1. S.J. Clackson, « Reconstructing the Archives of the Monastery of Apollo at Bawit », *Atti del XXII Congresso Internazionale di Papirologia, Firenze 23-29 agosto 1998*, 2001, p. 229 : en dehors du site de Baouît, la formule « ϣⲓⲛⲉ ⲛⲥⲁ » en ouverture de texte est attestée seulement sur un ostracon provenant de Médinet Habou (E. Stefanski, M. Lichtheim, *Coptic Ostraca from Medinet Habu*, *OIP* 71, 1952, n° 208) et sur un papyrus provenant du monastère d'Apollô à Bala'zah (P.E. Kahle, *Bala'izah. Coptic Texts from Deir el-Bala'izah in Upper Egypt*, 1954, n° 263).

2. Les deux premières campagnes de J. Clédat à Baouît datent de 1901-1902 : J. Clédat, *Le monastère et la nécropole de Baouît* I, *MIFAO* 12, 1904. Pour la campagne d'avril-mai 1903, voir *id.*, *Le monastère et la nécropole de Baouît* II, *MIFAO* 39, 1916.

3. Pour plus de précisions sur la date de fondation du monastère, voir H. Torp, « La date de la fondation du monastère de l'Apa Apollo de Baouît et de son abandon », *MEFRA* 77, 1965, p. 153-177.

4. Le site de Baouît est fouillé par l'Ifao et le musée du Louvre : M.-H. Rutschowscaya, « Reprise des fouilles françaises à Baouit : Louvre/Ifao 2002-2003 », *Actes du Huitième Congrès International d'études coptes* I, *OLA* 163/1, p. 311-322.

En plus des ostraca issus directement des missions de fouille, un grand nombre a été acheté chez des antiquaires et se trouve actuellement dans des collections privées, musées ou instituts : à Nancy (faculté des Lettres), Heidelberg (Universität Heidelberg), Oxford (Ashmolean Museum), Vienne (Österreichische Nationalbibliothek), Manchester (John Rylands Library), Durham (Duke University), Paris (musée du Louvre), Ann Arbor (Michigan University) et Prague (Naprstek Museum)[5]. Dans sa publication de 2004[6], A. Boud'hors recensait cent quarante-deux ostraca provenant de Baouît, auxquels il faut ajouter les trois ordres de transport de vin à *incipit* « ϣⲓⲛⲉ ⲛⲥⲁ » conservés à Vienne et publiés en 2011 par Monika R. M. Hasitzka[7], et l'ostracon BYU inv. Coptic Ostracon 71, conservé à la Brigham Young University[8]. Nous pouvons maintenant ajouter soixante-huit nouvelles pièces, ce qui porte le total à deux cent quatorze ostraca connus et publiés.

Le nombre d'ostraca de ce type retrouvés ces dernières années et le formulaire caractéristique qui permet d'en reconnaître immédiatement la provenance laissent à penser que ce corpus augmentera rapidement. À tout cela, il faut encore ajouter le riche patrimoine des papyrus de Baouît, publiés pour la plupart par Sarah J. Clackson[9] et Alain Delattre[10].

Histoire du monastère

Le monastère de Baouît se trouve sur la rive occidentale du Nil, à l'ouest de Deirout el-Chérif, l'ancienne ⲧⲉⲣⲱⲧ, à 1,5 km environ du village moderne homonyme.

Baouît était déjà connu avant sa découverte archéologique, car mentionné dans les graffiti de quelques auteurs anciens qui citent le monastère sous le nom de « ⲡⲁⲟⲩⲏⲧ »[11] ou autres variations phonétiques qui, selon J. Clédat, seraient toutes issues de l'ancien égyptien *bꜣyt* [hiéroglyphes], mot qui signifie habituellement « maison », mais ayant pris le sens de « monastère » à l'époque copte[12].

Le monastère de Baouît connut une longue période de fréquentation et de prospérité du Vᵉ au VIIIᵉ siècle[13]. Une quantité très significative de céramiques, de natures variées, ainsi que des monnaies datant de la première moitié du VIIᵉ siècle, ont été retrouvées[14]. Ce ne fut qu'après le VIIIᵉ siècle que le monastère commença à subir un déclin, en raison de la pression fiscale exercée par les Arabes[15]. À une date inconnue, mais sûrement après le XIIᵉ siècle, les moines coptes décidèrent de le quitter, vraisemblablement en raison

5. C'est notamment le cas pour les ostraca conservés à Fribourg.

6. A. Boud'hors, *Ostraca grecs et coptes des fouilles de Jean Maspero à Baouit. O. Bawit IFAO 1-67 et O. Nancy*, *BEC* 17, 2004.

7. M.R.M. Hasitzka, *Koptische dokumentarische und literarische Texte: "First international Summer School in Coptic Papyrology 2006" in der Papyrussammlung der österreichischen Nationalbibliothek*, *CPR* 31, 2011.

8. L.H. Blumell, « Two Coptic Ostraca in the Brigham Young University Collection », *ChronEg* LXXXVIII/175, 2013, p. 182-187.

9. S.J. Clackson, « Reconstructing the Archives of the Monastery of Apollo at Bawit », p. 219-236 ; *id.*, « Something fishy in *CPR XX* », *APF* 45/1, 1999, p. 94-95 ; *id.*, *Coptic and Greek Texts relating to the Hermopolite Monastery of Apa Apollo*, 2000 ; *id.*, *It is Our Father Who Writes: Orders from the Monastery of Apollo at Bawit*, *ASP* 43, 2008.

10. A. Delattre, *Papyrus coptes et grecs du monastère d'apa Apollô de Baouît conservés aux Musées royaux d'Art et d'Histoire de Bruxelles*, 2007 ; *id.*, « Une liste de propriétés foncières du monastère d'Apa Apollô de Baouît », *ZPE* 151, 2005, p. 163-165 ; *id.*, « Trois papyrus du monastère de Baouît », *BIFAO* 112, 2012, p. 101-110.

11. W. Crum, « Der hl. Apollo, und das Kloster von Bawît », *ZÄS* 40, 1902, p. 60-62.

12. J. Clédat, *Baouît* I, p. III : il fait référence au mot [hiéroglyphes] *bꜣj(w)* (*Wb* I, 417), écrit [hiéroglyphes] à l'époque ptolémaïque.

13. D. Bénazeth, *Baouît : une église copte au Louvre*, 2002, p. 8-9 : le monastère fut fondé vers 385-390 par le moine Apollô.

14. A. Delattre, *BIFAO* 112, 2012, p. 101.

15. A. Delattre, *Papyrus coptes et grecs*, p. 56 ; nous avons des traces de ce déclin ici comme à Deir el-Bala'zah qui témoignent d'une même politique fiscale exercée dans l'Égypte entière.

des persécutions arabes. Sylvie Marchand y a découvert de nombreuses céramiques à glaçure datant des XIe-XIIe siècles, qui témoignent d'une occupation du monastère jusqu'à cette époque[16]. J. Clédat situait le départ des moines autour du IXe siècle, car selon lui, les monuments et les peintures trouvés ne pouvaient pas être postérieurs au VIIe siècle[17]; les spécialistes s'accordent aujourd'hui à dater la construction de la plupart des monuments et les peintures entre le VIe et le VIIIe siècle[18].

Les musulmans s'établirent dans le monastère vers la fin du XIIe siècle et y bâtirent une mosquée, connue sous le nom d'« Abd el-Rahman Aouf ». Par la suite, le monastère connut le même sort que beaucoup d'autres monuments égyptiens à différentes époques et fut utilisé comme carrière pour la construction et le décor d'édifices situés aux alentours (d'édifices religieux musulmans dans le cas spécifique de Baouît). Ce fut finalement l'enlèvement du *sebakh* opéré par les *fellahin* qui causa les dommages les plus importants aux monuments.

L'économie

Le monastère de Baouît était organisé, à quelques nuances près, selon les règles du monachisme cénobitique pacômien – système qui ne survécut pas longtemps à la conquête musulmane[19] – tout en se caractérisant par de petites différences : des cellules du monastère ont même été retrouvées en dehors de ses murs[20].

En ce qui concerne la gestion économique, le centre de décisions principal était la *diakonia*, composée par les responsables économiques : l'archimandrite, les scribes, les archivistes, les notaires, etc.[21]. Il n'est malheureusement plus possible de connaître avec exactitude la partie du monastère d'où proviennent les ostraca conservés à Fribourg. Nous sommes pourtant tentés de penser qu'ils ont été rédigés dans la *diakonia*, car leur typologie les lie à un contexte de comptabilité et de gestion économique des ressources du monastère. En effet, même si elles présentent des variantes, les formules inscrites documentent l'organisation des livraisons de plusieurs types de denrées vers le monastère : du blé principalement, mais aussi des semences d'orge, du vin et des poissons[22].

Ces ostraca se présentent comme un lot plutôt homogène et cohérent. La répétition des noms de personnes et de lieux, celle des dates, ainsi que la possibilité de reconnaître, sur plusieurs groupes d'ostraca, la main d'un même scribe, laissent croire que les ostraca de Fribourg proviennent du même endroit et qu'ils ont constitué une archive dans l'Antiquité. Beaucoup d'hypothèses ont été avancées sur les ostraca « *chine nsa* » et sur leur fonction précise, mais les informations actuellement en notre possession laissent encore beaucoup de place au doute et aux questions.

16. *Ibid.*, p. 58.

17. J. Clédat, *Baouît* I, p. II.

18. A. Delattre, *Papyrus coptes et grecs*, p. 46-47.

19. R.-G. Coquin, « Évolution du monachisme égyptien », *Le monde copte* 21-22, 1993, p. 21.

20. H. Torp, « Murs d'enceinte des monastères coptes primitifs et couvents forteresses », *MEFRA* 76, 1964, p. 184-185.

21. A. Delattre, *Papyrus coptes et grecs*, p. 75-76 : « Le personnel de la *diakonia* s'occupait de produire les documents de paiement, tenir la comptabilité des rentrées et des dépenses, garder des archives, gérer les possessions du monastère et de manière générale organiser, ou au moins superviser, toutes les activités économiques. »

22. Comme on le verra plus loin, c'est sur la base de ces différentes formules ou produits que nous avons réparti les ostraca de Fribourg en six groupes.

William J. Tait, qui publia en 1994 un ostracon « *chine nsa* » de l'Oriental Museum de l'université de Durham, fut le premier à tenter une traduction – « enquire » – de cette expression[23]. Les différentes traductions utilisées par les coptisants (« faire rentrer », « commander », « aller chercher » ou « réclamer ») témoignent d'ailleurs de la difficulté de la traduire. Selon W.J. Tait, le texte de ces ostraca est composé de deux parties rédigées à des moments différents : la première, introduite par la formule « *chine nsa* », fonctionne comme un *memorandum* pour l'économe qui envoie le chamelier chercher les produits ; la seconde comprend seulement la date, ajoutée au moment du retour du chamelier et de sa livraison. Toutefois, A. Boud'hors fait remarquer justement que sur de nombreux ostraca, la date se trouve au début du texte[24].

Le verbe ϣⲓⲛⲉ est traduit par Walter Crum « seek after », « ask for », « inquire for », et la préposition ⲛⲥⲁ « behind », « in back of »[25]. Wolfhart Westendorf, dans son dictionnaire étymologique de la langue copte, traduit ϣⲓⲛⲉ « fragen », « suchen », qui serait issu de l'ancien égyptien *šnỉ* (*Wb* IV, 495)[26]. Il existe un autre verbe copte, ϫⲛⲟⲩ, issu cette fois de l'ancien égyptien *sṯnỉ*, qui aurait le sens de « demander », « s'informer ». Les deux verbes ϣⲓⲛⲉ et ϫⲛⲟⲩ, bien qu'ils aient en commun le sens de « demander », ont des nuances différentes. Nous proposons de les rapprocher des verbes latins *peto* et *quaero*. Le verbe ϣⲓⲛⲉ, comme *peto*, aurait le sens de « demander pour obtenir quelque chose », tandis que ϫⲛⲟⲩ, comme *quaero*, celui de « demander pour savoir ».

Si nous observons le verbe *šnỉ*, racine de ϣⲓⲛⲉ, nous voyons qu'il est écrit avec le signe [27], dont le sens de base est « entourer », « faire un circuit ». Cette notion conviendrait bien à l'idée du voyage du chamelier qui part du monastère, arrive chez le paysan, charge les sacs et revient vers le monastère. Le verbe ϣⲓⲛⲉ devrait donc plutôt être traduit par « demander pour obtenir (des denrées) ». Ces denrées sont comprises comme provenant des champs dépendant du monastère. Chaque domaine, champ, jardin ou région devait verser une partie de sa récolte au propriétaire ou au monastère dont il dépendait[28]. Nous optons donc pour la traduction proposée par A. Boud'hors : « faire rentrer »[29], et non simplement « aller chercher » ou « demander ».

Il nous semble, pour autant, difficile d'imaginer que les ostraca aient été confiés aux chameliers en guise de demande écrite à montrer aux paysans pour réclamer les produits. D'un côté, si le chamelier ou le paysan savait peut-être lire les chiffres, il n'était sûrement pas capable de lire le texte. De l'autre, la gestion des terrains contrôlés par le monastère était réglée par de véritables contrats rédigés et signés par les moines. Il existe une série de documents sur papyrus, provenant de Baouît, relatifs au paiement de l'*aparchê*, du *pakton* ou du *dêmosion*. Ils témoignent de l'habitude de certains moines de louer des terrains en échange d'un paiement en argent et/ou en nature[30].

Il est donc plus plausible, comme W.J. Tait le proposait[31], que les ostraca n'aient pas quitté le monastère mais qu'ils aient été utilisés par les économes comme « notes de comptabilité ». En revanche, nous pensons que l'économe remplissait la totalité de l'ostracon – en notant la date, ce que tel domaine devait verser au monastère, le chamelier envoyé – et qu'il le gardait comme une sorte de *memorandum* ; une fois les denrées livrées au monastère, il archivait les ostraca correspondants. La majorité des domaines étant situés dans

23. W.J. Tait, « A Coptic 'Enquiry' About a Delivery of Wheat », *Studies in the Culture and Heritage of Ancient Egypt in Honour of A.F. Shore*, 1994, p. 337-342.

24. A. Boud'hors, *op. cit.*, p. 2.

25. W. Crum, *A Coptic Dictionary*, 1939, p. 569.

26. W. Westendorf, *Koptisches Handwörterbuch*, 1977, p. 317.

27. C'est le signe V7 de la « sign list » : A.H. Gardiner, *Egyptian Grammar*, 1982.

28. Des contrats relatifs à des terrains du monastère, rédigés sur papyrus, ont été récemment publiés : A. Delattre, *BIFAO* 112, 2012, p. 101-110.

29. A. Boud'hors, *op. cit.*

30. A. Delattre, *BIFAO* 112, 2012, p. 101.

31. W.J. Tait, *op. cit.*, p. 337-342.

les alentours du monastère, si notre interprétation des ostraca est correcte, la date devait correspondre au jour du départ du chamelier, qui coïncidait sûrement avec celle du retour dans la plupart des cas. En revanche, les vrais livres comptables étaient probablement rédigés sur papyrus, un support beaucoup plus commode : cela expliquerait l'existence des résumés de livraisons publiés par A. Delattre[32].

Quelle qu'ait été leur fonction exacte, ces ostraca apportent de nombreuses informations nouvelles, et forment un chaînon important de l'histoire de Baouît.

Produits et unités de mesure

Si ϣⲓⲛⲉ, « faire rentrer », est l'expression la plus caractéristique des ostraca de Baouît, d'autres termes se répètent fréquemment : ϭⲟⲟⲩⲛⲉ ⲛⲥⲟⲩⲟ, « sacs de blé », et ϭⲁⲙⲟⲩⲗ, « chameau ».

Nous savons que les domaines autour du monastère de Baouît produisaient surtout du blé ou de la semence, transportés à dos de chameau dans des sacs. Le sac représente donc la principale unité de mesure des denrées sèches. D'autres unités de mesure relatives à différents produits sont citées dans les textes : les *kouphen*, les *lakote*, les *knidia*, les *souciou* et les *lakon* pour le vin ; les *lakon* et les *mounam* (?)[33] pour les poissons. La capacité d'un *knidion* était d'environ 2,5 litres[34] tandis que celle des autres récipients n'est pas connue avec précision. À propos du *lakon*, deux tailles sont connues : le grand, ⲛⲟϭ ⲛⲗⲁⲕⲟⲛ, et le petit, ⲕⲟⲩⲓ ⲛⲗⲁⲕⲟⲛ[35]. Il est à noter encore que le ⲗⲁⲕⲟⲟⲧⲉ est un contenant spécifique de l'aire géographique de Baouît comme, par exemple, le ϣⲉⲛⲧⲁⲉⲥⲉ l'était pour la région thébaine[36].

Les transporteurs des denrées

Un autre mot très fréquent est « chamelier » ; on le retrouve sur la plupart des ostraca issus des fouilles de J. Clédat, ainsi que sur les autres ostraca conservés dans différentes collections européennes[37]. Il y a lieu de relever, sur les ostraca de Fribourg, une variante qui génère une subtile nuance : nous trouvons les deux termes ⲡⲙⲁⲛϭⲁⲙⲟⲩⲗ, « le berger de chameaux », et ⲡⲁⲡⲕⲁⲙⲏⲗⲱⲛ, « celui de l'étable à chameaux »[38]. Même si parmi le personnel de l'étable se trouvaient certainement des personnes ayant d'autres fonctions que celle de monter les chameaux, par exemple le personnel affecté à l'entretien et aux divers soins des animaux, ceux qui s'occupaient des livraisons exerçaient forcément la profession de chamelier. Pour autant, nous choisissons la traduction de « chamelier » pour les différentes graphies coptes ou grecques.

O. BawitFribourg 27 mentionne le « chamelier du cimetière » et le « chamelier de la boulangerie », et O. BawitFribourg 9, 13, 31 et 38 mentionnent le « chamelier de la cordonnerie »[39]. Cela signifie que des chameliers travaillaient près du cimetière, de la cordonnerie ou de la boulangerie, durant l'année. Pour tous

32. A. Delattre, *Papyrus coptes et grecs*, p. 227-240.

33. La lecture « *mounam* » est plausible mais pas certaine. O. BawitFribourg 61 présente en fait l'abréviation « M°/ » qui pourrait aussi être considérée comme l'abréviation d'un mot grec.

34. N. Kruit, Kl. Worp, « Geographical Jar Names: Towards a Multi-Disciplinary Approach », *APF* 46/1, 2000, p. 82.

35. M.R.M. Hasitzka, *Ein neues Archiv koptischer Ostraka*, *CPR* 20, 1995, p. 12-13.

36. S. Bacot, *Ostraca grecs et coptes des fouilles franco-polonaises sur le site de Tell Edfou*, *BEC* 19, 2009, p. 39.

37. Voir Introduction *supra*.

38. Nous considérons « ⲡⲁⲡⲕⲁⲙⲏⲗ/ⲡⲁⲡⲕⲁⲙⲏⲗ^ⲗ » et « ⲡⲁⲡⲕ/ » comme de simples abréviations de « ⲡⲁⲡⲕⲁⲙⲏⲗⲱⲛ ».

39. Il reste encore le cas d'O. BawitFribourg 26, où il est fait mention du « chamelier du jardin de notre père ».

les ostraca qui ne mentionnent pas la provenance du chamelier, nous pouvons avancer deux hypothèses : soit le scribe n'a pas considéré nécessaire cette précision, soit le chamelier dépendait directement de la *diakonia* du monastère.

La quasi-totalité des ostraca de Fribourg parlent du transport d'un nombre compris entre 10 et 30 sacs ; plus précisément, 20, 26 et 28 sont les quantités qui reviennent le plus fréquemment. Cette quantité correspond probablement à celle qu'un chamelier pouvait transporter normalement avec son chameau ou sa petite caravane. Il est dès lors légitime de se demander si les plus grandes quantités ne correspondaient pas à des livraisons de produits provenant de domaines éloignés du monastère, quand la nécessité de réduire le nombre de déplacements faisait augmenter le nombre de sacs transportés à chaque voyage.

Concernant le nom des transporteurs, ⲁⲡⲁⲛⲟϭ et ⲫⲓ̈ⲃ sont les plus fréquents : ⲁⲡⲁⲛⲟϭ apparaît neuf fois (ostraca nº 1, 2, 14, 18, 23, 26, 36, 53, 56) et ⲫⲓ̈ⲃ sept fois (ostraca nº 3, 7, 9, 13, 31, 32, 38). Il s'agit sûrement d'anthroponymes courants dans le monastère et leur récurrence devait obliger le scribe à quelques précisions pour éviter de confondre les transporteurs. Par exemple, dans O. BawitFribourg 2, le scribe écrit « Apanok le chamelier » tandis que dans O. BawitFribourg 1, il écrit « Apanok, celui de Techné » ; dans O. BawitFribourg 3 et 9, le scribe écrit « Phib, celui de la cordonnerie », tandis que dans O. BawitFribourg 7, il écrit « Phib le chamelier ».

D'autres noms apparaissent plusieurs fois dans les ostraca de Fribourg : ⲍⲁⲭⲁⲣⲓ̈ⲁⲥ (ostraca nº 19, 34, 52), ⲙⲁⲑⲓⲁⲥ (ostraca nº 4, 6, 8, 10) et ⲫⲟⲓⲃⲁⲙⲙⲱⲛ (ostraca nº 33, 37, 55).

Les noms de transporteurs qui apparaissent deux fois sont : ⲃⲓ̈ⲕⲧⲱⲣ (ostraca nº 15, 51), ⲡⲡⲁⲡⲁ ⲓⲱⲥⲏⲫ (ostraca nº 11, 12), ⲥⲁⲕⲟⲩⲣⲁ (ostraca nº 40, 41), ⲥⲉⲣⲛⲉ (ostraca nº 22, 25), ϩⲁⲗⲟ (ostraca nº 5, 17) et ϩⲏⲗⲓ̈ⲁⲥ (ostraca nº 45, 46). Tous les autres noms apparaissent seulement une fois : ⲁ ̣ⲃ ̣ⲣ ̣ϩ ̣ⲁ[ⲙ], ⲁⲡⲟⲗⲗⲱ, ⲉⲛⲱⲭ, ⲓ̈ⲁⲕⲱⲃ, ⲓ̈ⲱϩⲁⲛⲛⲏⲥ, ⲓ̈ⲱⲥⲏⲫ, ⲕⲩ ̣ⲣ ̣ⲁⲕⲟⲥ, ⲙⲁⲕⲁⲣⲉ, ⲟⲩⲉⲛⲟⲃⲣ, ⲡⲁⲃⲁⲕϣ, ⲡ\ⲓ̈ⲟ/ⲙ, ⲫ ̣ⲟ ̣ⲣⲏⲥ et ⲥⲁⲗⲱⲙ.

La géographie du nome hermopolite

La géographie de l'Égypte, aux différentes époques, a souvent fait l'objet de recherches et de publications, mais les nouveaux apports qui ont continué à nous parvenir grâce à la découverte progressive de textes documentaires et littéraires ont rendu obsolètes les recherches précédentes. Nous nous sommes basés sur les publications assez récentes de Stefan Timm[40] et, dans le cas spécifique du nome hermopolite, sur celle de Marie Drew-Bear[41]. Les ostraca de Fribourg nous donnent de précieuses informations sur les localités voisines du monastère ou sur les terrains qui l'entouraient.

Une caractéristique marquante, sur beaucoup d'ostraca de Fribourg, est la présence à la dernière ligne d'un mot isolé, au premier regard un anthroponyme : « Tauriné », « Lérax », « Ptolémée », etc. Il pourrait s'agir de la signature du scribe ayant rédigé le texte, mais cette hypothèse est rendue douteuse en raison de la forte ressemblance entre les différentes graphies d'ostraca portant le même anthroponyme[42]. Il est aussi possible qu'un seul scribe rédigeât les ostraca selon la requête d'économes différents et que l'anthroponyme fasse donc référence au commanditaire de la livraison.

Les deux explications semblent acceptables, pourtant, il y aurait lieu de se demander si ces noms ne devraient pas plutôt être considérés comme des noms de lieu. Le *P. Duk.* inv. 445 (anciennement *P. Miss.* 11) permet de rétablir la forme « ⲡⲙⲁ ⲛ ⲧⲁⲩⲣⲓⲛⲉ » qu'A. Delattre traduit « le domaine de Tauriné »[43].

40. S. Timm, K.-H. Brune, *Das christlich-koptische Ägypten in arabischer Zeit*, *TAVO* 41, 1994.

41. M. Drew-Bear, *Le nome hermopolite : toponymes et sites*, *ASP* 21, 1979.

42. Voir, par exemple, les dix premiers ostraca.

43. A. Delattre, *ZPE* 151, 2005, p. 163-165.

Dans O. BawitFribourg 40-42, le nom « Piom » à la deuxième ligne est introduit par la préposition ⲛⲧⲉ. Il est admis que, dans les ostraca « *chine nsa* », ⲛⲧⲉ introduit toujours le toponyme relatif au domaine d'où les denrées proviennent. Par conséquent, Piom devrait être compris comme un toponyme[44].

Il est fort probable que toutes les attestations du nom « Piom » ainsi que celles des autres noms en fin d'ostracon, bien qu'elles ne soient pas explicitement introduites par la préposition ⲛⲧⲉ ou par l'expression ⲡⲙⲁ ⲛ, fassent référence à des domaines d'où proviennent les livraisons. Pensons à une coopérative agricole moderne qui, au moment de la récolte, reçoit les produits des paysans associés. Le comptable de la coopérative (ayant *grosso modo* un rôle équivalent à celui de l'économe de nos ostraca) notera alors la date, la quantité de biens délivrés et le nom du paysan ; il n'aura pas besoin de noter toutes les coordonnées du paysan, ni celles de son domaine, qu'il connaît déjà. La même chose se passait probablement à Baouît : pour le scribe, il n'était pas nécessaire d'indiquer « du domaine de », la mention du nom du paysan suffisant pour désigner l'ensemble du domaine, par un glissement métonymique. Nous préférons donc, dès lors, considérer ces noms comme des toponymes.

Grâce à tous les toponymes dont nous disposons actuellement, nous pouvons essayer de mieux définir la géographie de la région autour du monastère et, plus précisément, celle de ses domaines. Si nous prenons en considération O. BawitFribourg 45 et 46, il est mentionné que la 7e année de l'indiction, au 4e jour du mois d'Hathyr, un chamelier du nom d'Hélias a fait la 7e et la 11e *phora* (= livraison) depuis la localité de Phandjioi. S'il n'a pas été l'auteur des onze, ou plus, livraisons du jour, il est au moins l'auteur de ces deux-là. Il est donc envisageable que le domaine de Phandjioi fût suffisamment proche du monastère pour permettre au chamelier d'effectuer les deux allers-retours, de même que le chargement et le déchargement du chameau, dans la même journée. En admettant qu'un chameau chargé marche à la vitesse moyenne de 8-10 km/h, Phandjioi ne peut pas être éloigné de plus de 20 km du monastère. Si en revanche Hélias a été l'auteur de toutes les livraisons de la journée (au moins onze livraisons), Phandjioi doit se situer dans les environs du monastère, à moins de 2 km de distance[45].

Un raisonnement similaire peut être appliqué à O. BawitFribourg 40 et 41, où un certain Sakoura s'occupe de la 2e et de la 7e livraison provenant du domaine de Piom, au 1er jour du mois d'Hathyr, 10e année de l'indiction. Toujours à propos du domaine de Piom, O. BawitFribourg 32, 33 et 34 donnent d'autres informations : trois ans plus tard, la 13e année de l'indiction, 2e jour du mois de Phaophi, trois chameliers différents (Phib, Phoibammon et Zakarias) sont allés chercher du blé dans ce domaine, respectivement vingt-huit sacs pour les deux premiers et huit pour le troisième. La mention de Piom dans d'autres ostraca (no 6, 35, 42), permet de mieux comprendre l'importance de ce domaine.

Les toponymes qui sont ensuite les plus attestés sont « Ierax » (ostraca no 1, 2, 3, 4) et « ⲧⲁⲩⲣⲓ̈ⲛⲉ » (ostraca no 7, 14, 15, 56).

Enfin, les ostraca no 28, 38, 54 et 55 nous informent que le 8e jour du mois de Thot, la 13e année de l'indiction, quelques dizaines de sacs de semence de blé sont entrées au monastère depuis le champ de Kourou. Le fait que le nom du chamelier change à chaque fois pousserait à penser que le champ était à une distance qu'un seul chamelier n'aurait pas pu parcourir 4 fois en une seule journée.

Les autres toponymes cités dans les ostraca de Fribourg sont : ⲉⲛⲱⲭ, ⲓⲥⲁⲕ, ⲕⲁⲧⲁⲩ[...], ⲡⲉⲓⲛⲱ̄ⲛ̄, ⲡⲡⲁⲡⲁ ⲁⲡⲟⲗⲗⲱ ⲡⲣⲱⲙⲉ ⲡⲁⲯ̣ ⲉⲗ̣ ⲟⲛ ⲑⲉⲛⲉⲙ[ⲧⲉ] ⲛ̣ ⲥⲧⲉⲫ(ⲁⲛⲟⲥ) ⲧⲟⲅ̄ (?), ⲡϣⲉⲙⲁⲙⲏⲓ̈, ⲡϫⲓⲛⲓⲗ[ⲁ...], ⲡϫⲓ̈ⲟⲩϣⲏⲙ, ⲫⲁⲛϫⲟⲓ̈, ⲧⲉⲗⲉⲙⲉ, ⲧⲉϣⲛⲏ, ϣⲉⲧⲛⲟⲩⲃⲉ, ϣⲓ.[...], ϣⲧⲟϣ et [ⲙⲓϫ]ⲟⲗ.

44. Le mot « Piom » est aussi le nom utilisé pour indiquer le Fayoum, mais ici il s'agit probablement d'une localité du nome hermopolite (voir O. BawitFribourg 40-41).

45. De cette manière, nous sous-entendons que les ostraca correspondant aux neuf autres livraisons de la journée n'ont pas été retrouvés.

Il est difficile de connaître la position exacte des domaines cités dans les ostraca de Fribourg, ainsi que celle de la majorité des domaines cités dans les autres ostraca provenant de Baouît, mais les coptisants qui s'occuperont de ce sujet dans les prochaines années disposeront d'un abondant matériel devant permettre d'affiner la recherche.

Datation

La datation générale des ostraca du type « *chine nsa* » remonte aux VIIe-VIIIe siècles[46]. Celle des ostraca de Fribourg demande toutefois une analyse plus étoffée.

Plus de la moitié ne présente pas de date, soit parce qu'elle était écrite sur une partie de l'ostracon qui est perdue, soit parce qu'elle n'a jamais été écrite. Il est possible que les ostraca n'ayant jamais présenté de date concernent des transports qui se faisaient dans la journée. En revanche, trente et un ostraca peuvent être situés dans le temps de manière plus précise et, pour vingt-sept d'entre eux, l'année de l'indiction est encore lisible : ils documentent une période comprise entre la 6e et la 13e année de l'indiction. Il est à remarquer que sur ces vingt-sept ostraca, treize remontent à la 13e année de l'indiction et neuf à la 7e année. Sur les ostraca publiés par A. Boud'hors, l'année la plus courante était la 12e. On pourrait alors se demander si les deux lots ne sont pas complémentaires.

Les ostraca de Fribourg attestent de transports effectués surtout aux mois de Thot, Phaophi et Hathyr, c'est-à-dire entre la fin du mois d'août et le mois de novembre : Thot est cité huit fois (ostraca n° 28, 29, 30, 31, 38, 54, 55, 57), Phaophi neuf fois (ostraca n° 26, 32, 33, 34, 35, 36, 37, 39, 48) et Hathyr huit fois (ostraca n° 40, 41, 42, 43, 44, 45, 46, 47).

À l'exception d'O. BawitFribourg 57, qui traite du transport de vin, tous les ostraca datables de la période comprise entre le mois de Thot (septembre) et le mois d'Hathyr (novembre) témoignent de transports de blé ou de semence de blé vers le monastère. En Égypte, la moisson se faisait habituellement au printemps, entre le mois de Pharmouti (avril) et celui de Pachon (mai) ; ensuite, le blé était mis à sécher puis préparé afin de le rendre idoine au stockage, c'est-à-dire plus léger et facile à transporter[47]. Il est parfaitement logique, et déjà bien attesté dans de nombreux autres documents, que le transport du blé et des semences vers les magasins de stockage, en l'occurrence vers le monastère, se faisait juste après, entre la fin de l'été et le début de l'automne[48].

Les trois livraisons de vin attestées dans les ostraca de Fribourg ont été faites aux mois de Mésoré (ostraca n° 58, 59) et Thot (ostracon n° 57). Si en Égypte les vendanges avaient lieu entre le mois de Pauni (juin) et le début du mois d'Épiphi (juillet), puis que quelques semaines étaient ensuite nécessaires pour le foulage du raisin, la préparation du vin et son stockage en jarres, il est parfaitement logique de trouver dans nos ostraca les mois de Mésoré et de Thot comme dates pour la livraison du vin au monastère.

46. D'après A. Delattre (*Papyrus coptes et grecs*, p. 159-166), des ordres de paiement, surtout de type bilingue, ont été écrits au *verso* de papyrus en arabe du VIIe siècle, provenant de Baouît et maintenant conservés à Bruxelles.

47. C. Adams, *Land Transport in Roman Egypt*, 2007, p. 168-169.

48. *Ibid.*, p. 220 et suivantes.

Le corpus des ostraca de Fribourg

Les ostraca de Fribourg se présentent comme un lot plutôt homogène et cohérent. Du point de vue archéologique, il s'agit d'ostraca assez grands, d'une taille moyenne de 8 × 10 cm.

Pour ce qui est du support, la plupart des ostraca ont été écrits soit sur des tessons de céramique fine à engobe rouge, soigneusement lissé (production des ateliers d'Assouan, désignée « *Egyptian red slip A* »[49]), soit sur des fragments d'amphores côtelées en pâte alluviale, de texture plus grossière (désignées « *late Roman amphora 7* » ou « *LRA 7* »[50]). Dans le premier cas, l'écriture se trouve sur le côté intérieur, concave, dans le second sur la surface extérieure, parallèlement aux côtes, la surface intérieure étant habituellement recouverte d'un enduit de résine noire qui aurait rendu l'inscription invisible.

La langue principalement utilisée est le copte, mais il reste tout de même une forte présence du grec dans les ostraca bilingues. Les études montrent une disparition progressive du grec non seulement à Baouît mais dans l'Égypte entière[51]. À partir du VIIe siècle, le copte devient la langue usuelle pour la communication écrite, le grec restant la langue ecclésiastique ; pourtant, aux VIIe et VIIIe siècles, dans beaucoup de documents administratifs et comptables, on continue à utiliser le grec, comme c'est le cas pour les ostraca bilingues du VIIIe siècle[52].

La plupart de ces ostraca sont introduits par l'expression « *chine nsa* », une autre bonne partie par la date suivie de « *chine nsa* », et quelques cas particuliers présentent un formulaire différent : O. BawitFribourg 59-63.

Sur la base de leurs textes et de leurs formulaires, mais aussi des denrées transportées, les ostraca seront divisés en six groupes :

- groupe 1 : O. BawitFribourg 1-25 ;
- groupe 2 : O. BawitFribourg 26-38 ;
- groupe 3 : O. BawitFribourg 39-50 ;
- groupe 4 : O. BawitFribourg 51-59 ;
- groupe 5 : O. BawitFribourg 60-63 ;
- groupe 6 : O. BawitFribourg 64-68.

Par rapport à l'agencement et à la « mise en page » de la formule « *chine nsa* », et lorsque les lacunes ne nous l'empêchent pas, nous pouvons remarquer que dans les ostraca les plus simples (groupe 1), la formule se trouve à la première ligne, précédée du signe ⳨ et presque toujours suivie par le nombre de sacs à transporter. O. BawitFribourg 29-37, appartenant au groupe 2, suivent en général le même schéma que ceux du groupe 1, mais la formule « *chine nsa* » est écrite à la deuxième ligne, la première étant occupée par la date.

Dans les ostraca bilingues (groupe 3), la date est écrite dans la partie en grec, à la fin du texte, et la formule « *chine nsa* » reprend sa place à la première ligne, comme dans les ostraca du groupe 1. La seule différence est que dans le groupe 3, le nombre après la formule est écrit à la deuxième ligne.

49. Sur ces productions, parfois également désignées « groupe o », on verra principalement R.D. Gempeler, *Elephantine X. Die Keramik römischer bis früharabischer Zeit*, ArchVer 43, 1992.

50. Sur ces amphores, très largement répandues sur tous les sites coptes d'Égypte, on verra D. Dixneuf, *Amphores égyptiennes. Production, typologie, contenu et diffusion (IIIe siècle avant J.-C.–IXe siècle après J.-C.)*, EtudAlex 22, 2011.

51. A. Delattre, *Papyrus coptes et grecs*, p. 133.

52. *Ibid.*, p. 139.

Corpus des ostraca de Fribourg

GROUPE 1
O. BAWITFRIBOURG 1-25

Ce premier groupe comprend les ostraca à incipit « ϣⲓⲛⲉ ⲛⲥⲁ » qui documentent le transport de sacs de blé. Ils suivent, pour la plupart, un formulaire bien précis, et livrent les informations suivantes :

- ϣⲓⲛⲉ ⲛⲥⲁ
- Chiffre(s)
- ϭⲟⲟⲩⲛⲉ ⲛⲥⲟⲩⲟ
- ϩⲓⲧⲛ + nom du transporteur
- Nom du domaine

O. BawitFribourg 17-19 ne présentent pas le nom du domaine en fin de texte.

L'absence de date dans ce groupe d'ostraca, pourtant habituellement inscrite sur les ostraca de Baouît, pourrait s'expliquer s'il concerne des transports exécutés dans la journée.

O. BawitFribourg 1 — AeT_2005.18 — 10 × 9 cm

Cinq lignes, complet.
Fragment de bol à collerette *Egyptian red slip A.*
Écriture non ligaturée qui suit la courbure du support.

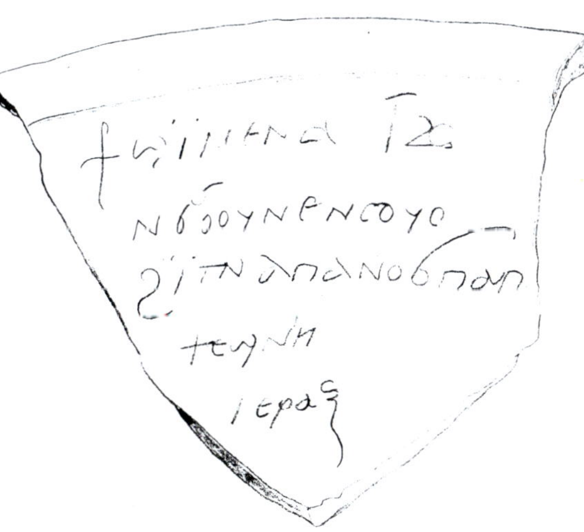

⳨ ϣⲓⲛⲉ ⲛⲥⲁ ⲓ̅ⲇ̅
ⲛϭⲟⲟⲩⲛⲉ ⲛⲥⲟⲩⲟ
ϩⲓ̈ⲧⲛ ⲁⲡⲁⲛⲟϭ ⲡⲁⲡ-
ⲧⲉϣⲛⲏ
ⲓⲉⲣⲁⲝ

+ Faire rentrer 14
sacs de blé
par Apanok, celui de
Techné.
Ierax

L. 5. ⲧⲉϣⲛⲏ, littéralement « le jardin ». Ce terme est aussi attesté dans plusieurs ostraca du ouadi Sarga (W. Crum *et al.*, *Wadi Sarga: Coptic and Greek Texts*, 1922, n° 355-357, 383) comme toponyme. W. Crum suggère l'existence d'un lien entre ⲧⲉϣⲛⲏ et le mot arabe Dišnā دشنة, localité de la province de Qena. Il semble peu probable qu'une ville si lointaine puisse être citée dans nos ostraca et aucune Dišnā n'a été trouvée dans les environs du Wadi Sarga (S. Timm, K.-H. Brune, *Das christlich-koptische Ägypten in arabischer Zeit*, *TAVO* 41, 1994, p. 2606-2607). Pourtant, O. BawitFribourg 58 documente un ⲛⲧⲉ ⲧⲉϣⲛⲏ, « de Techné », où le mot « Techné » ne peut être qu'une localité précise : nous devons prendre en considération la possibilité de l'existence de cette localité dans le nome hermopolite, dont nous avons peut-être ici la première attestation. Ce qui reste difficile à comprendre est la présence de l'article ⲡ dans ⲡⲁⲡ. En revanche, le mot ⲧⲉϣⲛⲏ, dans l'acception « jardin », est cité dans O. Bawit-Fribourg 26.

L. 6. ⲓⲉⲣⲁⲝ. Normalement utilisé comme anthroponyme, nous pensons qu'il s'agit ici plutôt d'un toponyme (voir *supra*).

O. BawitFribourg 2 — AeT_2005.31 — 9 × 7 cm

Quatre lignes, complet.
Fragment de bol à collerette *Egyptian red slip A* ; épaisseur d'environ 1 cm.
Écriture petite, non ligaturée et penchée à droite.

⳨ ϣⲓ̈ⲛⲉ ⲛⲥⲁ ⲕ
ⲛϭⲟⲟⲩⲛⲉ ⲛⲥⲟⲩⲟ ϩⲓ̈ⲧⲛ
ⲁⲡⲁⲛⲟϭ ⲡⲙⲁⲛϭⲁⲙⲟⲩⲗ
ⲓ̈ⲉⲣⲁⲝ

+ Faire rentrer 20
sacs de blé par
Apanok le chamelier.
Ierax

L. 4. ⲓ̈ⲉⲣⲁⲝ. Toponyme (voir *supra*).

O. BawitFribourg 3 — AeT_2005.38 — 10 × 11 cm

Cinq lignes, complet.
Fragment de coupe à base annulaire *Egyptian red slip A*.
Écriture assez irrégulière, mais non cursive ni ligaturée.

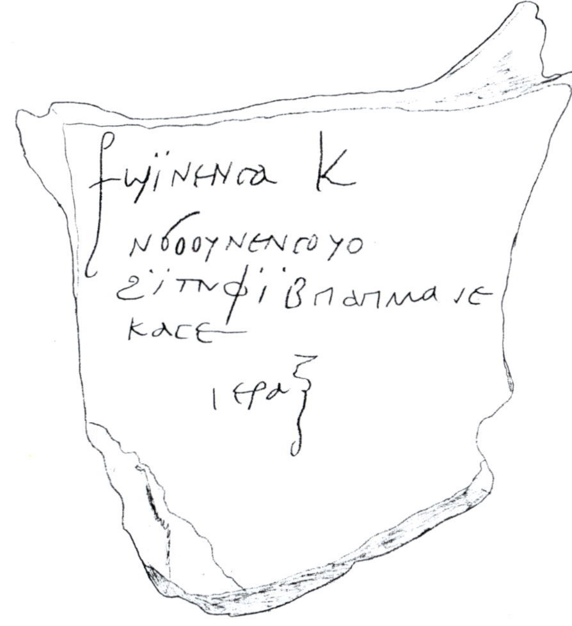

⳨ ϣⲓ̈ⲛⲉ ⲛⲥⲁ ⲕ	*+ Faire rentrer 20*
ⲛϭⲟⲟⲩⲛⲉ ⲛⲥⲟⲩⲟ	*sacs de blé*
ϩⲓ̈ⲧⲛ ⲫⲓ̈ⲃ ⲡⲁⲡⲙⲁⲛⲉ-	*par Phib, celui de la*
ⲕⲁⲥⲉ	*cordonnerie.*
ⲓⲉⲣⲁⲝ	*Ierax*

L. 3. ⲡⲁⲡⲙⲁⲛⲉⲕⲁⲥⲉ. Ce mot est construit comme le très fréquent ⲡⲁ ⲡ ⲕⲁⲙⲏⲗⲱⲛ, « celui de l'étable à chameaux », mais avec ⲕⲁⲥⲉ, « le cordonnier » (W. Crum, *Coptic Dictionary*, 1939, p. 121) : ⲡⲁ ⲡ ⲙⲁ ⲛⲉ ⲕⲁⲥⲉ, « celui du lieu des cordonniers ».

L. 5. ⲓⲉⲣⲁⲝ. Toponyme (voir *supra*).

O. BawitFribourg 4 AeT_2005.40 11 × 12 cm

Cinq lignes, complet.
Fragment de céramique fine *Egyptian red slip A*.
Écriture petite, cependant ponctuée de grandes lettres, surtout en début et en fin de lignes.

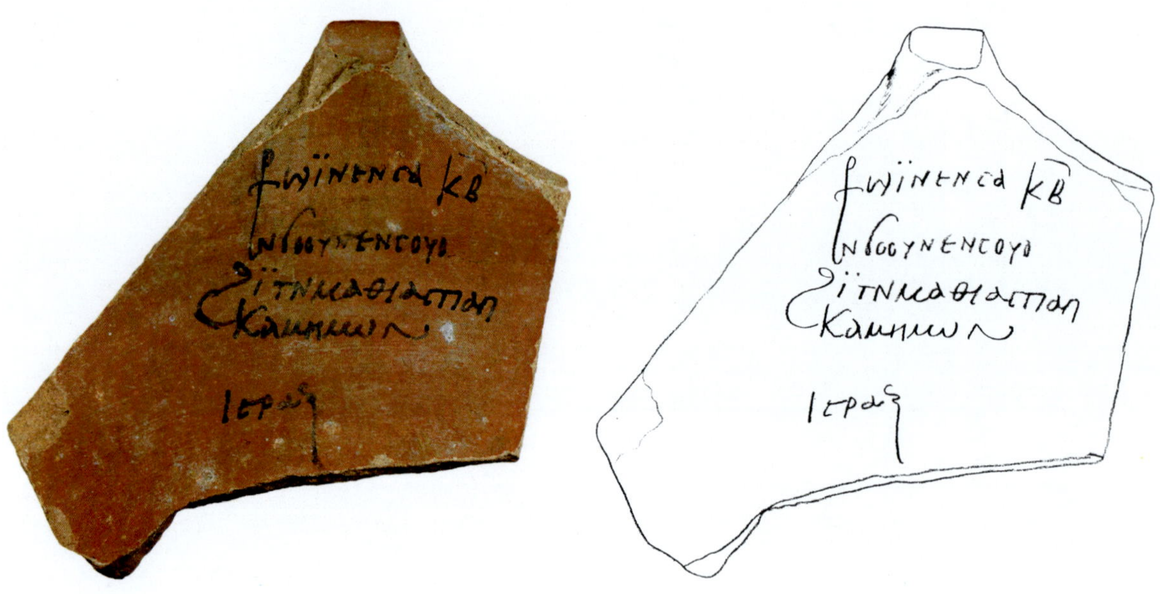

⳨ ϣⲓ̈ⲛⲉ ⲛⲥⲁ ⲕ̄ⲃ̄	*+ Faire rentrer* 22
ⲛϭⲟⲟⲩⲛⲉ ⲛⲥⲟⲩⲟ	*sacs de blé*
ϩⲓ̈ⲧⲛ ⲙⲁⲑⲓⲁⲥ ⲡⲁⲡ-	*par Mathias*
ⲕⲁⲙⲏⲗⲱⲛ	*le chamelier.*
ⲓⲉⲣⲁⲝ	*Ierax*

L. 5. ⲓⲉⲣⲁⲝ. Toponyme (voir *supra*).

O. BawitFribourg 5 | AeT_2005.19 | 6 × 5 cm

Six lignes, complet.
Fragment de bord de céramique fine *Egyptian red slip A*.
Écriture fine, non ligaturée, légèrement penchée à droite.

⳨ ϣⲓ̈ⲛⲉ ⲛⲥⲁ	+ *Faire rentrer*
ⲕⲃ̅	22
ⲛϭⲟⲟⲩⲛⲉ ⲛⲥⲟⲩⲟ	*sacs de blé*
ϩⲓ̈ⲧⲛ ⳉⲗⲗⲟ ⲡⲁⲡ-	*par Hllo le*
ⲕⲁⲙⲏⲗⲱⲛ	*chamelier.*
ⲧ̀ⲉⲗⲉⲙⲉ	*Ptolémée*

L. 2. Le scribe a voulu mettre en évidence le nombre en l'écrivant plus grand et sur une autre ligne.

L. 6. ⲧ̀ⲉⲗⲉⲙⲉ. Correspond à l'anthroponyme grec « Πτολεμαίος », utilisé ici comme toponyme.

O. BawitFribourg 6 AeT_2005.20 8 × 6 cm

Quatre lignes, incomplet.
Fragment de céramique fine *Egyptian red slip A*. Deux fragments manquants : à gauche et en bas à droite.
Écriture très fine, légèrement ligaturée à la dernière ligne.

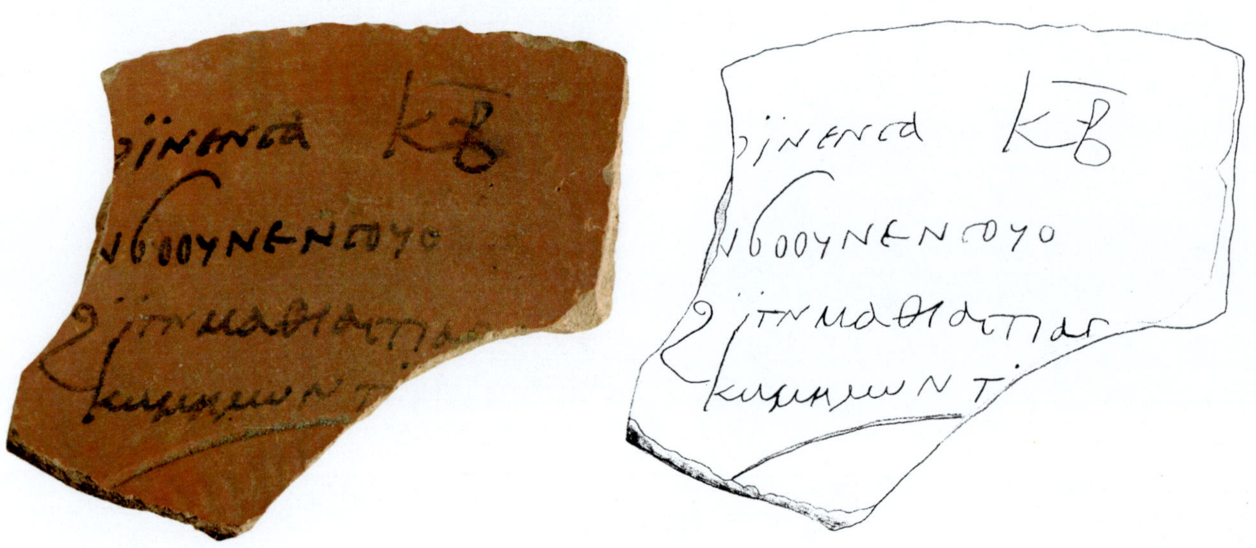

[⳨ ϣ]ⲓ̈ⲛⲉ ⲛⲥⲁ ⲕ̅ⲃ̅
[ⲛ]ϭⲟⲟⲩⲛⲉ ⲛⲥⲟⲩⲟ
ϩⲓ̈ⲧⲛ ⲙⲁⲑⲓⲁⲥ ⲡⲁ[ⲡ]-
ⲕⲁⲙⲏⲗⲱⲛ ⲡⲓ̈ ̣[ⲟⲙ]

[+ Fai]re rentrer 22
sacs de blé
par Mathias
le chamelier. Pi[om]

L. 1. Le nombre est mis en évidence par un *vacat*.

L. 4. ⲡⲓ̈ ̣[ⲟⲙ]. Restitué sur la base des traces d'écriture encore lisibles et grâce à la comparaison avec O. BawitFribourg 35. Malheureusement, O. BawitFribourg 6 ne porte pas de date.

O. BawitFribourg 7 AeT_2005.24 6 × 5 cm

Trois lignes, incomplet.
Fragment de céramique fine *Egyptian red slip A*.
Écriture irrégulière et non ligaturée.

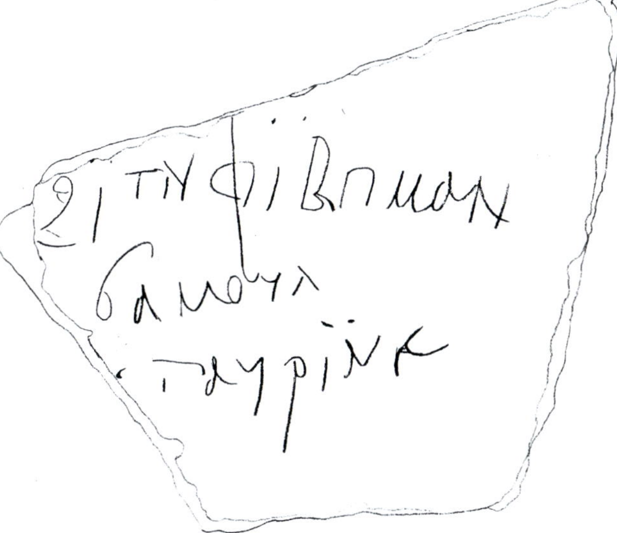

[⳨ ϣⲓ̈ⲛⲉ ⲛⲥⲁ...]	*[+ Faire rentrer...]*
[ⲛϭⲟⲟⲩⲛⲉ]...	*[sacs]...*
ϩⲓ̈ⲧⲛ ⲫⲓ̈ⲃ ⲡⲙⲁⲛ-	*par Phib*
ϭⲁⲙⲟⲩⲗ	*le chamelier.*
ⲧⲁⲩⲣⲓ̈ⲛⲉ	*Tauriné*

L. 5. ⲧⲁⲩⲣⲓ̈ⲛⲉ. Toponyme construit selon le modèle ⲡⲙⲁ ⲛ ⲧⲁⲩⲣⲓ̈ⲛⲉ (voir *supra*). Le P. Duk. inv. 445 (anciennement P. Miss. 11) présente une liste de propriétés foncières du monastère de Baouît aux VIIe-VIIIe siècles ; à la ligne 16 est cité le ⲡⲙⲁ ⲛⲧⲁⲩⲣⲓ̈ⲛⲉ (A. Delattre, « Une liste de propriétés foncières du monastère d'Apa Apollô de Baouît », *ZPE* 151, 2005, p. 163-165). Ce toponyme avait déjà été trouvé dans un papyrus de Louvain (P. Lov. Copt. inv. 4b). Bien que nous ne puissions pas le déterminer avec certitude, nous croyons probable la correspondance entre ⲡⲙⲁ ⲛⲧⲁⲩⲣⲓ̈ⲛⲉ et ἐποίκιον et τόπος Ταυρίνου, cités dans Stud. Pal. X 25 A. 24 du VIIe siècle (M. Drew-Bear, *Le nome hermopolite : toponymes et sites*, ASP 21, 1979, p. 268).

O. BawitFribourg 8 AeT_2005.30 8 × 6 cm

Cinq lignes, incomplet (deux fragments jointifs).
Fragment de bord de céramique fine *Egyptian red slip A*.
Écriture non ligaturée, présentant des lettres très développées en début de lignes.

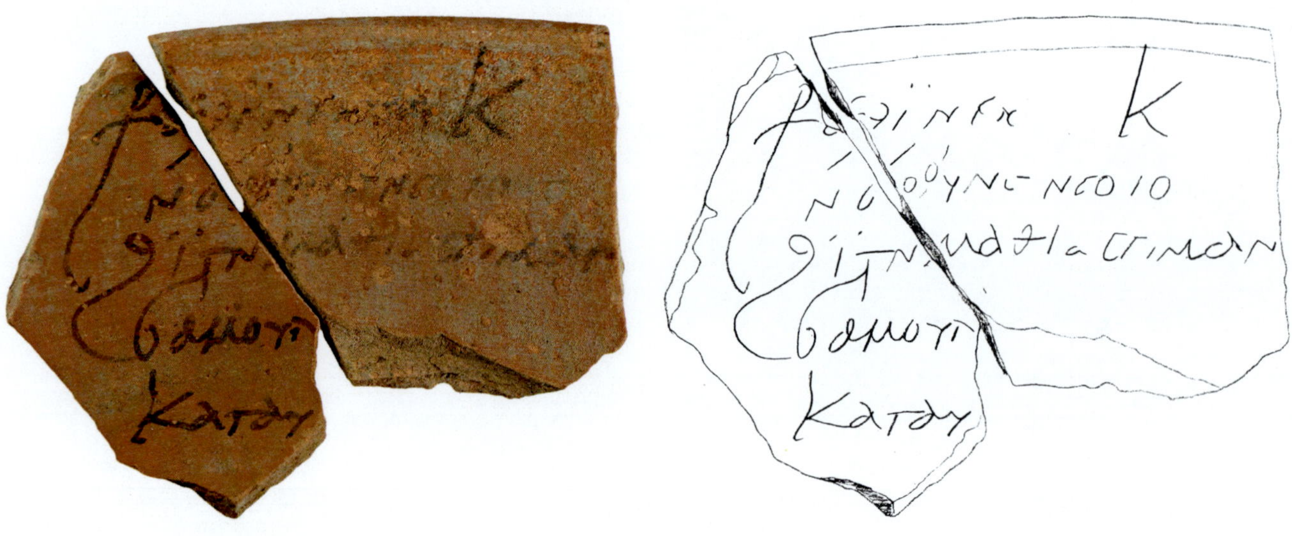

⳨ ϣⲓ̈ⲛⲉ ⲛⲥⲁ ⲕ	*+ Faire rentrer 20*
ⲛϭⲟⲟⲩⲛⲉ ⲛⲥⲟⲩⲟ	*sacs de blé*
ϩⲓ̈ⲧⲛ ⲙⲁⲑⲓⲁⲥ ⲡⲙⲁⲛ-	*par Mathias*
ϭⲁⲙⲟⲩⲗ	*le chamelier.*
ⲕⲁⲧⲁⲩ[...]	*Katau[...]*

L. 5. Le toponyme ⲕⲁⲧⲁⲩ[...] est probablement incomplet, mais nous ne pouvons actuellement pas combler la lacune.

O. BawitFribourg 9 — AeT_2005.35 — 7 × 4,5 cm

Quatre lignes, complet.
Fragment de bord de céramique fine *Egyptian red slip A*.
Écriture non ligaturée, à l'exception des ligatures de la lettre « ⲉ » aux lignes 3 et 4.
Encre effacée à la première et à la quatrième ligne.

⳨ ϣϊⲛⲉ ⲛⲥⲁ ⲕ̅ⲁ̅	+ *Faire rentrer 24*
ⲛϭⲟⲟⲩⲛⲉ ⲛⲥⲟⲩⲟ ϩϊⲧ̀ⲛ	*sacs de blé par*
ⲫϊⲃ ⲡⲁⲡⲙⲁⲛⲉⲕⲁ-	*Phib, celui de la cordonnerie.*
ⲥⲉ ⲡⲉⲓⲛϣ̅ⲛ̅	*Peinchen*

L. 1. Il nous semble pouvoir lire la lettre « ⲅ » effacée après ⲛⲥⲁ, suivie d'un « ⲕ » écrit à côté par le scribe.

L. 3. ⲡⲁⲡⲙⲁⲛⲉⲕⲁⲥⲉ. Voir O. BawitFribourg 3.

L. 4. ⲡⲉⲓⲛϣ̅ⲛ̅. Il s'agit d'un toponyme formé sur le même modèle que ⲡϊⲛⲟⲩⲃⲉ (O. BawitFribourg 21), ou Peinkanene et Peinncheket (S. Timm, K.-H. Brune, *Das christlich-koptische Ägypten in arabischer Zeit*, p. 1878), c'est-à-dire « ⲡⲉⲓ᾽ + ⲛ᾽ + nom ».

O. BawitFribourg 10 | AeT_2005.47 | 11 × 6,5 cm

Quatre lignes, complet.
Fragment de céramique en pâte alluviale. À l'intérieur, la poterie est côtelée et la surface est couverte d'un enduit noir brillant.
Écriture petite, à l'exception de lettres plus grandes en début de lignes.
Interlignes bien marqués.

⳨ ϣⲓ̈ⲛⲉ ⲛⲥⲁ ⲕ̅ⲃ̅	*+ Faire rentrer 22*
ⲛϭⲟⲟⲩⲛⲉ ⲛⲥⲟⲩⲟ	*sacs de blé*
ϩⲓ̈ⲧⲛ ⲙⲁⲑⲓⲁⲥ ⲡⲁⲡⲕⲁⲙⲏⲗⲱⲛ	*par Mathias le chamelier.*
ϣⲧⲟϣ	*Chtoch*

L. 1. Le scribe a voulu mettre en évidence le nombre en l'écrivant plus grand et en l'isolant par un *vacat* (voir aussi O. BawitFribourg 5).

O. BawitFribourg 11 AeT_2005.48 9 × 7,5 cm

Sept lignes, complet.
Fragment de panse d'amphore *LRA 7*.
Les deux premières lignes montrent une écriture petite, au trait fin ; les lignes 3-4 une écriture beaucoup plus grande au trait plutôt épais.

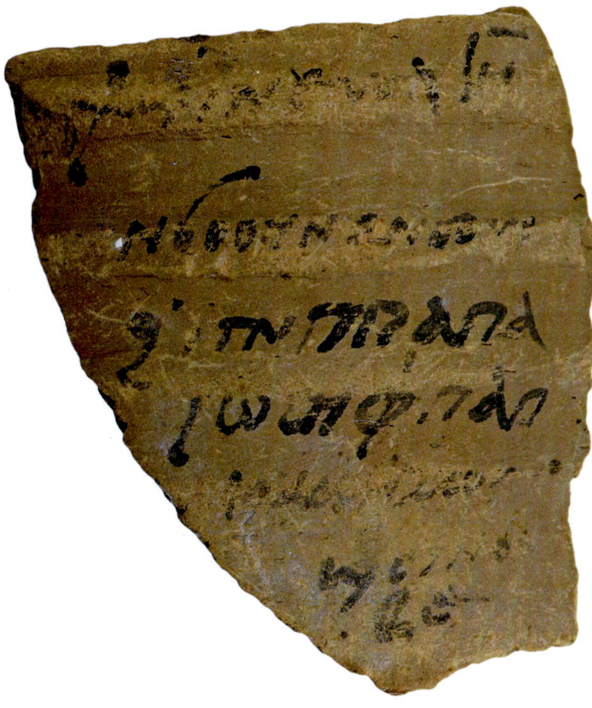

⳨ ϣⲓ̈ⲛⲉ ⲛⲥⲁ ⲓ̅ⲏ̅
ⲛϭⲟⲟⲩⲛⲉ ⲛⲥⲟⲩⲟ
ϩⲓ̈ⲧⲛ ⲡⲡⲁⲡⲁ
ⲓⲱⲥⲏⲫ ⲡⲁⲡ-
ⲕⲁⲙⲏⲗⲱⲛ
ϣⲉⲧⲛⲟⲩ-
ⲃⲉ

+ *Faire rentrer 18*
sacs de blé
par papa
Joseph le
chamelier.
Chetnou-
bé

L. 3. ⲡⲡⲁⲡⲁ. Cette forme est déjà attestée à Baouît dans une variante de la formule « ⲁⲛⲟⲕ ⲡⲁⲥⲟⲛ NN ⲉϥⲥϩⲁⲓ » : « ⲁⲛⲟⲕ ⲡⲡⲁⲡⲁ NN ⲉϥⲥϩⲁⲓ » (S.J. Clackson, *Coptic and Greek Texts relating to the Hermopolite Monastery of Apa Apollo*, 2000, p. 17).

O. BawitFribourg 12 AeT_2005.60 10 × 10 cm

Cinq lignes, complet.
Fragment de panse d'amphore *LRA 7*.
L'épaisseur d'environ 1 cm sur le haut passe à presque 2 cm sur le bas.
Écriture irrégulière et non ligaturée, probablement à cause du support.

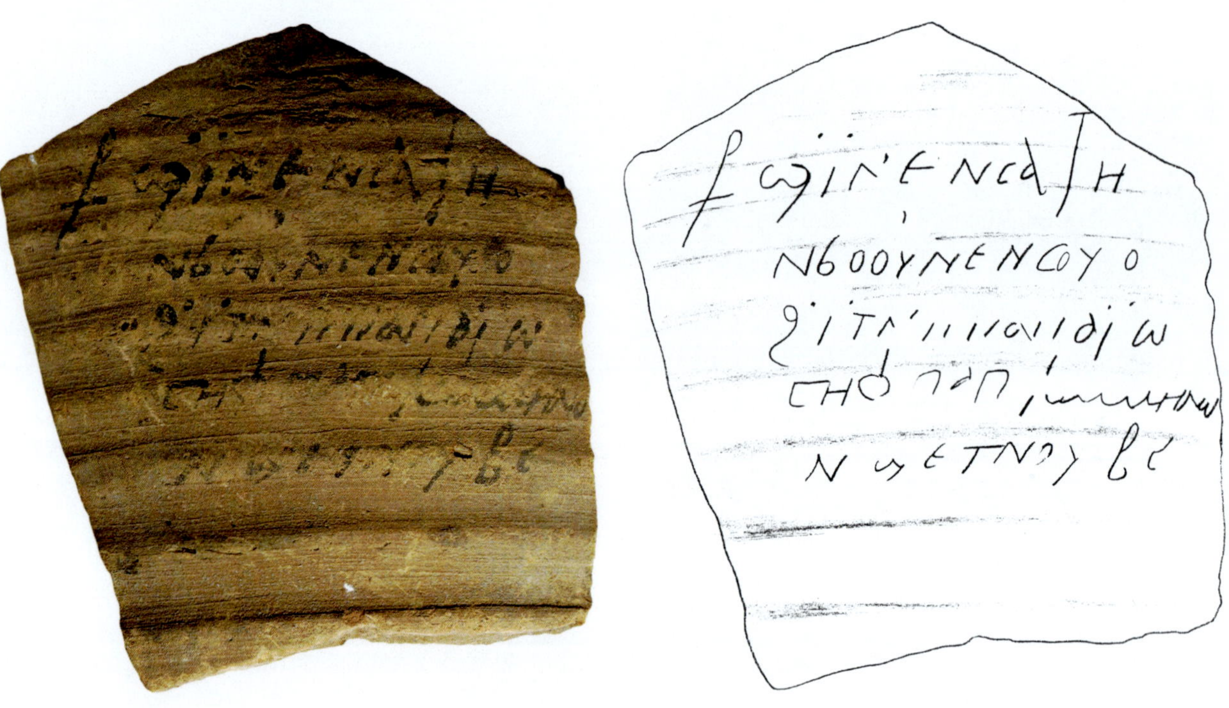

⳨ ϣⲓ̈ⲛⲉ ⲛⲥⲁ ⲓ̅ⲏ̅	+ *Faire rentrer 18*
ⲛϭⲟⲟⲩⲛⲉ ⲛⲥⲟⲩⲟ	*sacs de blé*
ϩⲓ̈ⲧⲛ ⲡⲡⲁⲡⲁ ⲓ̈ⲱ-	*par* papa
ⲥⲏⲫ ⲡⲁⲡⲕⲁⲙⲏⲗⲱ-	*Joseph le chamelier.*
ⲛ ϣⲉⲧⲛⲟⲩⲃⲉ	*Chetnoubé*

Cet ostracon est une copie d'O. BawitFribourg 11.

O. BawitFribourg 13 AeT_2005.66 8,5 × 6 cm

Cinq lignes, complet.
Fragment de panse d'amphore *LRA 7*.
Écriture non ligaturée, penchée à droite. Les trois premières lignes sont bien espacées mais l'interligne devient de plus en plus petit vers la fin de l'ostracon.

⳨ ϣⲓ̈ⲛⲉ ⲛⲥⲁ ⲕ	*+ Faire rentrer 20*
ⲛϭⲟⲟⲩⲛⲉ ⲛⲥⲟⲩⲟ	*sacs de blé*
ϩⲓ̈ⲧⲛ ⲫⲓ̈ⲃ ⲡⲁⲡ-	*par Phib*
ⲙⲁⲛⲉⲕⲁⲥⲉ	*le cordonnier.*
ϣⲉⲧⲛⲟⲩ[ⲃ]ⲉ	*Chetnou[b]é*

L. 3. Nous retrouvons plusieurs fois Phib comme transporteur, presque toujours lié à la cordonnerie (voir O. BawitFribourg 9, 31 et 38).

O. BawitFribourg 14 AeT_2005.36 9 × 6 cm

Cinq lignes, incomplet.
Fragment de fond de céramique fine *Egyptian red slip A*.
Écriture petite.

[·⳨· ϣïⲛⲉ ⲛⲥⲁ...]	*[+ Faire rentrer...]*
ⲛϭⲟⲟⲩⲛ[ⲉ...]	*sacs de [...]*
ϩïⲧⲛ ⲁⲡⲁⲛ[ⲟϭ]	*par Apan[ok]*
ⲡⲙⲁⲛϭ[ⲁⲙⲟⲩⲗ]	*le cha[melier]*
ⲧ̣ [...]	*T[...]*

L. 5. Il nous semble pouvoir restituer la lettre « T » au début de la ligne. Étant donné que nous sommes en fin de texte, où se trouve habituellement un toponyme, la lacune pourrait être comblée avec « Tauriné » ou « Ptolémée ».

O. BawitFribourg 15 — AeT_2005.34 — 8 × 6,5 cm

Cinq lignes, incomplet.
Fragment de bord de bol en céramique fine *Egyptian red slip A*.
Écriture assez irrégulière et petite.

⳨ ϣⲓ̈ⲛⲉ ⲛⲥⲁ ⲕ̅ⲃ̅	+ *Faire rentrer* 22
ⲛϭⲟⲟⲩⲛⲉ ⲛⲥⲟⲩ-	*sacs de blé*
ⲟ ϩⲓ̈ⲧⲛ ⲃⲓ̈ⲕⲧⲱⲣ	*par Viktor*
[ⲡ]ⲁⲡⲕⲁⲙⲏⲗⲱⲛ	*le chamelier.*
[ⲧⲁ]ⲩ̣ ⲣ̣ ⲓ̈ⲛ̣ [ⲉ]	*[Ta]urin[é]*

L. 5. Le mot illisible, dont seule la partie supérieure de deux ou trois lettres est visible, est probablement le toponyme du domaine où le blé devait être prélevé, vraisemblablement « Tauriné ».

O. BawitFribourg 16 — AeT_2005.79 — 5,5 × 4 cm

Trois lignes, incomplet.
Fragment de paroi de récipient en pâte alluviale.
Écriture très élégante, au trait fin.

[·⳨· ϣ]ⲓⲛⲉ ⲛⲥⲁ ⲓ[?]	*+ Faire rentrer 10*
[ⲛϭⲟⲟⲩⲛⲉ] ⲛⲥⲟⲩⲟ ϩⲓ̈ⲧ̄ⲛ [...]	*[sacs] de blé par*
[...ⲡⲙⲁⲛ]ϭⲁⲙⲟⲩⲗ ϣⲓ ̣[...]	*[...] le chamelier. Chi[...]*

L. 1. Il est impossible de dire si le scribe a voulu indiquer le nombre « 10 » ou si le deuxième chiffre a été perdu à cause de la cassure à droite de l'ostracon.

O. BawitFribourg 17 | AeT_2005.25 | 9 × 6 cm

Quatre lignes, incomplet.
Fragment de fond de céramique fine *Egyptian red slip A*.
Écriture assez régulière, non ligaturée, suivant la courbure du tesson. Le texte se trouve sur le côté extérieur ; l'écriture se développe à partir du centre de l'ostracon vers le bord.

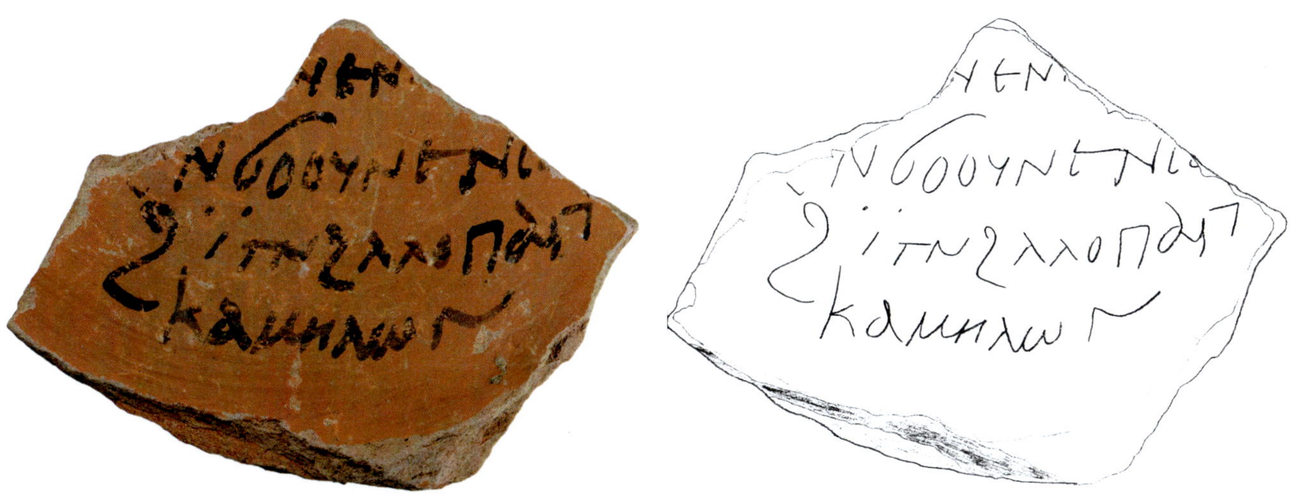

[⳨ ϣï]ⲛⲉ ⲛ[ⲥⲁ...]	+ *Faire rentrer [...]*
ⲛϭⲟⲟⲩⲛⲉ ⲛⲥⲟ̣ [ⲩⲟ]	*sacs de blé*
ϩïⲧ̀ⲛ ϩⲗⲗⲟ ⲡⲁⲡ-	*par Hllo*
ⲕⲁⲙⲏⲗⲱⲛ	*le chamelier.*

La surface intérieure montre la marque d'une base de croix (J.W. Hayes, *Late Roman Pottery*. 1972, p. 273-281).

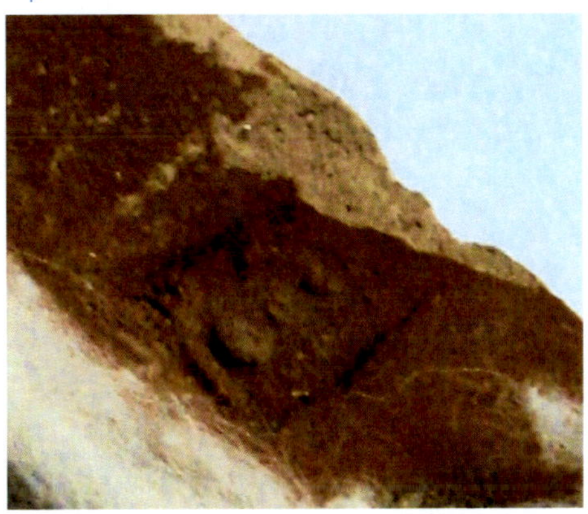

O. BawitFribourg 18 AeT_2005.32 18 × 8 cm

Trois lignes, complet.
Fragment de bol à collerette *Egyptian red slip A.*
Écriture petite et très penchée à droite.

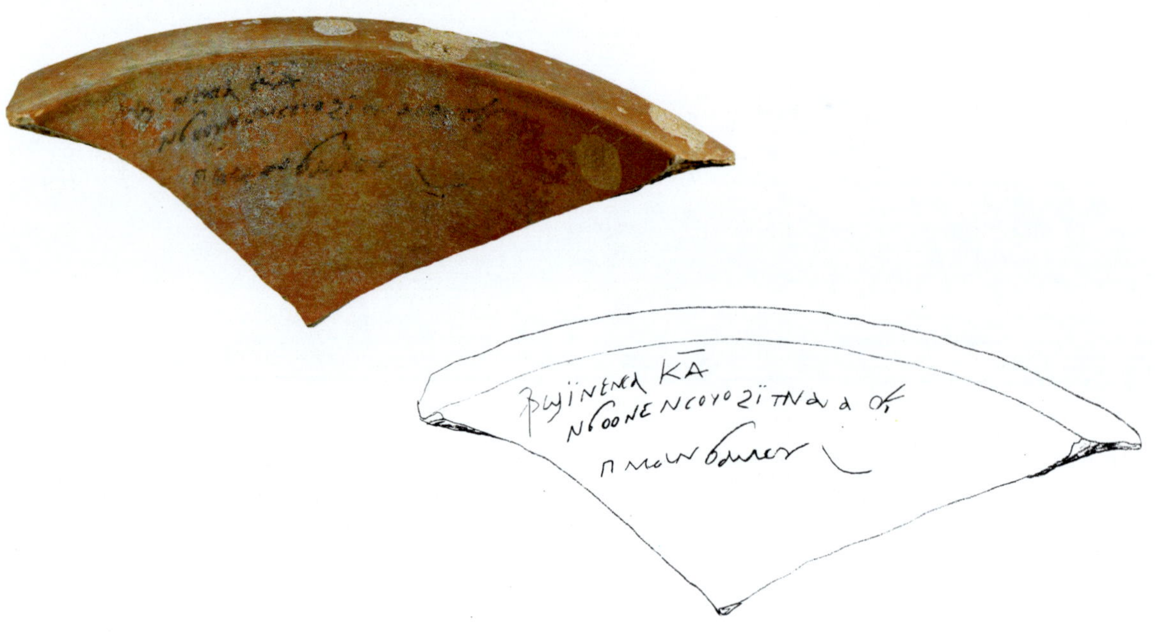

⳨ ϣⲓ̈ⲛⲉ ⲛⲥⲁ ⲕ̣̅ⲇ̣̅	*+ Faire rentrer 24*
ⲛϭⲟⲟⲩⲛⲉ ⲛⲥⲟⲩⲟ ϩⲓ̈ⲧⲛ ⲁⲡⲁⲛⲟϭ	*sacs de blé par Apanok*
ⲡⲙⲁⲛ̣ϭⲁⲙⲟⲩⲗ	*le chamelier.*

Cet ostracon présente beaucoup de similitudes avec O. BawitFribourg 23 : la quantité de sacs, le type de denrée et le nom du chamelier sont les mêmes ; cependant, dans les deux cas, le toponyme manque à la fin.

O. BawitFribourg 19 AeT_2005.22 8 × 6 cm

Cinq lignes, incomplet (deux fragments jointifs).
Fragment de bol à collerette *Egyptian red slip A*.
Écriture légèrement penchée à droite, régulière en haut, plus cursive en bas.

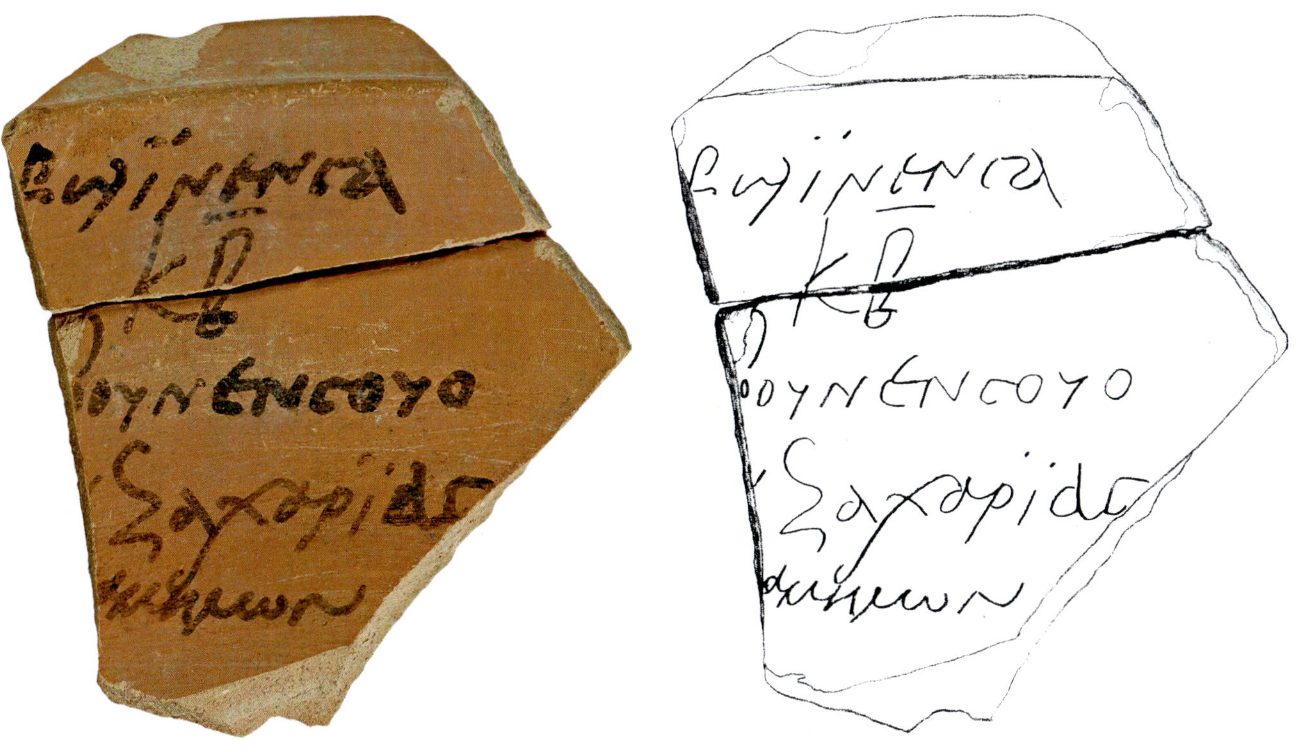

⳨ ϣⲓ̈ⲛⲉ ⲛⲥⲁ	+ *Faire rentrer*
ⲕ̄ⲃ̄	22
[ⲛ]ϭ̣ ⲟ̣ ⲟⲩⲛⲉ ⲛⲥⲟⲩⲟ	*sacs de blé*
ϩⲓ̈ⲧ[ⲛ] ⲍⲁⲭⲁⲣⲓ̈ⲁⲥ	*par Zacharias*
[ⲡⲁⲡⲕ]ⲁⲙⲏⲗⲱⲛ	*le chamelier.*

L. 2. Le nombre a été isolé et ainsi mis en évidence (voir O. BawitFribourg 5, 6 et 10).

O. BawitFribourg 20 — AeT_2005.80 — 5 × 4,5 cm

Quatre lignes, incomplet.
Fragment de paroi d'amphore ?
Écriture plutôt fine et stylisée. Les lignes sont très espacées.

·⳨· ϣⲓⲛⲉ ⲛ̀ⲥⲁ[...]	*+ Faire rentrer [...]*
ⲛ̀ϭⲟⲟⲩⲛⲉ	*sacs*
[ⲛⲥⲟ]ⲩⲟ	*de blé*
ⲛ̀ⲧⲉ ⲡⲓ[ⲟⲙ]	*de Pi[om]*
[ϩⲓ̈ⲧⲛ] ⲁ̣ⲃ̣ⲣ̣ϩ̣ⲁ̣[ⲙ̣]	*[par] Abram (?)*

O. BawitFribourg 21 AeT_2005.21 16 × 8 cm

Trois lignes, complet.
Fragment de bol à collerette *Egyptian red slip A*.
Écriture suivant la courbure du tesson.

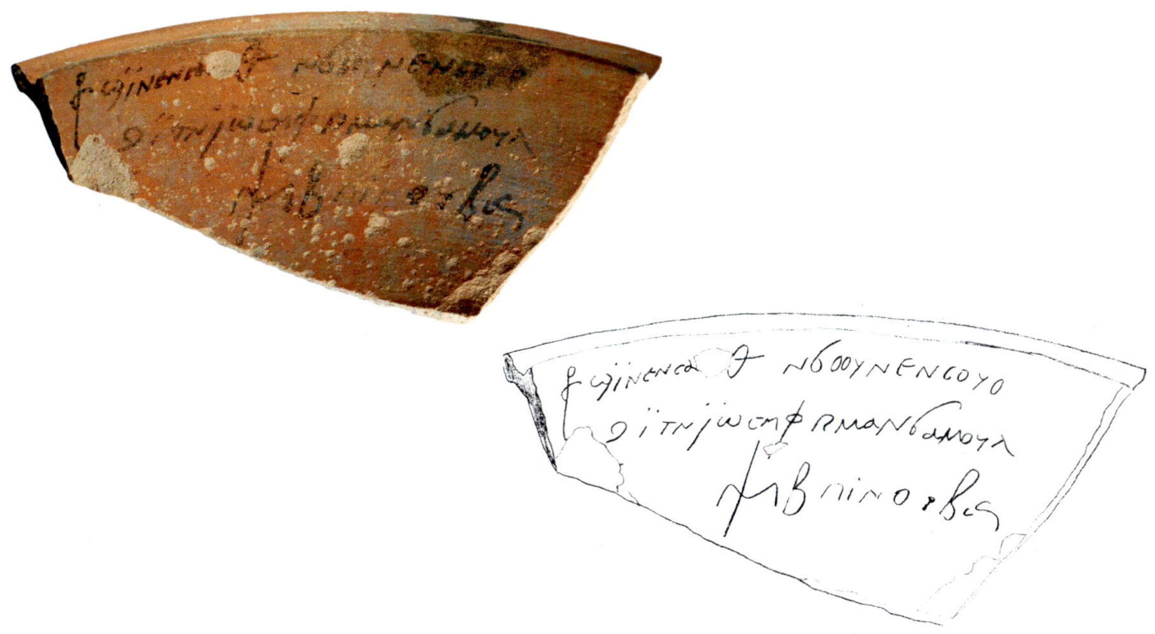

⳨· ϣⲓ̈ⲛⲉ ⲛⲥⲁ ⲑ ⲛϭⲟⲟⲩⲛⲉ ⲛⲥⲟⲩⲟ	*Faire rentrer 9 sacs de blé*
ϩⲓ̈ⲧⲛ ⲓ̈ⲱⲥⲏⲫ ⲡⲙⲁⲛϭⲁⲙⲟⲩⲗ	*par Joseph le chamelier.*
ⲯ· ⲃ ⲡⲓ̈ⲛⲟⲩ̣ ⲃⲉ	*? 2 (?) Pinoubé*

L. 3. ⲯ·. Abréviation ?

O. BawitFribourg 22 AeT_2005.28 9 × 4,5 cm

Trois lignes, incomplet.
Fragment de céramique fine *Egyptian red slip A*.
Écriture non ligaturée penchée à droite.
Tache d'encre au milieu de la 3e ligne.

⳨ ϣⲓ̈ⲛⲉ ⲛⲥⲁ ⲕ̣̅ⲇ̣̅	*Faire rentrer 24*
ⲛϭⲟⲟⲩⲛⲉ ⲛⲥⲟⲩⲟ	*sacs de blé*
ϩⲓ̈ⲧ'ⲛ ⲥⲉⲣⲛⲉ ⲡⲙⲁⲛ-	*par Sérénos*
[ϭⲁⲙⲟⲩⲗ]	*le [chamelier.]*

O. BawitFribourg 23 AeT_2005.33 11 × 5 cm

Trois lignes, incomplet.
Fragment de bord de bol *Egyptian red slip A*.
Écriture très fine et bien conservée.

⳨ ϣⲓ̈ⲛⲉ ⲛⲥⲁ ⲕ̣̅ⲇ̣̅	*Faire rentrer 24*
ⲛϭⲟⲟⲩⲛⲉ ⲛⲥⲟⲩⲟ	*sacs de blé*
ϩⲓ̈ⲧ'ⲛ ⲁⲡⲁⲛ[ⲟϭ]	*par Apanok.*

O. BawitFribourg 24 — AeT_2005.39 — 10 × 4 cm

Trois lignes, incomplet (deux fragments jointifs).
Fragment de bord de bol en céramique fine *Egyptian red slip A*.
Écriture très grande à la première ligne et beaucoup plus petite à partir de la deuxième, mais jamais ligaturée.

⳨ ϣⲓ̈ⲛⲉ ⲛⲥⲁ ⲕⲇ	*+ Faire rentrer 24*
ⲛϭⲟⲟⲩ[ⲛⲉ] ⲛⲥⲟⲩⲟ	*sacs de blé*
ϩⲓ̈[ⲧⲛ...]	*par [...]*

O. BawitFribourg 25 — AeT_2005.26 — 9 × 4 cm

Une ligne, incomplet.
Fragment de fond de céramique fine *Egyptian red slip A*.

[...] ϩⲓ̈ⲧⲛ ⲥⲉⲣⲛⲉ ⲡⲙⲁⲛϭⲁⲙⲟⲩⲗ	*[...] par Sérénos le chamelier.*

La première partie de l'ostracon est perdue, mais compte tenu de la longueur du tesson (9 cm), le texte manquant ne devait occuper qu'une seule ligne.

GROUPE 2
O. BAWITFRIBOURG 26-38

Ces ostraca suivent en principe le même schéma que ceux du groupe 1, mais ils présentent en outre une date : dans O. BawitFribourg 26-28, elle se trouve à la fin du texte ; dans les autres ostraca (O. BawitFribourg 29-38), elle constitue le premier élément du texte.

La seule exception dans ce groupe est O. BawitFribourg 38 qui documente la livraison simultanée de deux produits, blé et semence, et qui renseigne également le numéro de la livraison.

O. BawitFribourg 26 — AeT_2005.62 — 12 × 10 cm

Sept lignes, incomplet.
Fragment de paroi d'amphore *LRA 7*. La surface intérieure est recouverte d'un enduit noir.
Interlignes beaucoup moins marqués vers la fin en raison du manque de place.

⳨ ϣⲓ̈ⲛⲉ ⲛⲥⲁ	*+ Faire rentrer*
=ⲇ= ⲛϭⲟⲟⲩⲛⲉ ⲛⲥⲟⲩ̅ⲟ	*4 sacs de blé*
ϩⲓⲧⲛ̅ ⲁⲡⲁⲛⲟϭ ⲡⲙⲁⲛ-	*par Apanok*
ϭⲁⲙⲟⲩⲗ ⲛⲧⲉϣⲛⲏ	*le chamelier du jardin de*
ⲙⲡⲉⲛⲉⲓⲱⲧ	*notre père.*
ⲫⲟⲓ̈ ⲛⲁⲁⲡⲁ ϩⲁ-	*Le champ d'apa Harou (?)*
ⲣⲟⲟⲩ Φ(αῶφι) β ι[α (?) ἰνδ(ικτίωνος)]	*2e (jour du mois de) Phaophi, 1[1e (?) année de l'indiction]*

6 ⲫⲟⲓ̈ⲟ = ⲡϩⲟⲓ ; **7** Φ/

L. 5. ⲡⲉⲛⲉⲓⲱⲧ. Ce mot apparaît en tête de plusieurs papyrus coptes étudiés par S.J. Clackson, dans l'expression « ⲡⲉⲛⲉⲓⲱⲧ ⲡⲉⲧⲥϩⲁⲓ », littéralement « c'est notre père qui écrit » (S.J. Clackson, *It is Our Father Who Writes: Orders from the Monastery of Apollo at Bawit*, ASP 43, 2008). S.J. Clackson a clairement montré qu'il s'agit de documents contenant des ordres émis par le supérieur du monastère de Baouît. L'édition récente de deux papyrus par A. Delattre (« Deux ordres du supérieur du monastère de Baouît. P.Duk. inv. 259 et 1053 », *BASP* 49, 2012, p. 167-174) ne fait que confirmer l'identification de ⲡⲉⲛⲉⲓⲱⲧ.

L. 6. La traduction de cette ligne est douteuse.

L. 7. Le mot abrégé ici par ⲫ/ pourrait être soit « ⲫⲟⲣⲁ » (comme dans O. BawitFribourg 38), soit « Φαῶφι » suivi de l'année de l'indiction. La seconde proposition est préférable, car l'ordre habituel des informations données est « jour du mois – année de l'indiction – *phora* » ; en outre, le numéro de livraison précède normalement le mot ⲫⲟⲣⲁ.

O. BawitFribourg 27 — AeT_2005.53 — 6,5 × 6 cm

Six lignes, complet.
Fragment de paroi d'amphore *LRA 7*.
Écriture petite, au trait fin et arrondi.

⳨ ϣⲓ̈ⲛⲉ ⲛⲥⲁ ⲓ̈ⲁ̣
ⲛ̄ϭⲟⲟⲩⲛⲉ ⲛ̄ⲥⲟⲩⲟ
ϩⲓⲧⲛ̄ ⲛ̄ϭⲁⲙⲟⲩⲗ ⲙ
ⲡⲕⲟⲓⲙⲏⲧⲏⲣⲛ̄ ⲙⲛ̄
ⲛⲁⲯⲁⲣⲟⲉⲓⲕ
Τυβί ιγ ια ἰνδ(ικτίωνος)

Faire rentrer 11
sacs de blé
par les chameliers
du cimetière et
ceux du boulanger.
13e *(jour du mois) de Tybi,* 11e *(année de l')indiction.*

4 ⲡⲕⲟⲓⲙⲏⲧⲏⲣⲛ̄ = κοιμητήριον; **6** ἰνδ/

L. 1. Nous voyons des traces d'encre à côté du « ï », qui correspondent probablement au deuxième chiffre du nombre de sacs à faire rentrer. Il nous semble pouvoir restituer « ⲁ ».

L. 4. Le monastère de Baouît possédait trois nécropoles : la nécropole désertique, la nécropole méridionale et la nécropole sur la montagne. Elles n'étaient pas contemporaines et la nécropole méridionale, selon J. Clédat, est la plus récente. Nous n'avons malheureusement pas assez d'éléments pour déterminer de laquelle provenait le chamelier cité dans cet ostracon (J. Clédat [éd. par D. Bénazeth, M.-H. Rutschowscaya], *Le monastère et la nécropole de Baouit*, MIFAO 111, 1999, p. 185-196 ; A. Delattre, *Papyrus coptes et grecs du monastère d'apa Apollô de Baouît conservés aux Musées royaux d'Art et d'Histoire de Bruxelles*, 2007, p. 53).

L. 5. ⲛⲁⲯ'ⲁⲣⲟⲉⲓⲕ. Nous proposons la lecture ⲛⲁ ⲯ'ⲁ ⲣ ⲟⲉⲓⲕ, « ceux de celui qui fait le pain » ; le ⲯ'ⲁ ⲣ est une écriture de ⲡ ⲥⲁ ⲣ (W. Crum, *Coptic Dictionary*, p. 316).

O. BawitFribourg 28 — AeT_2005.72 — 6,5 × 5,5 cm

Cinq lignes, fortement incomplet.
Fragment de paroi d'amphore *LRA 7*.
Écriture claire et non ligaturée, sauf à la quatrième ligne.

⳨ ϣⲓⲛⲉ [ⲛⲥⲁ … ⲛϭⲟⲟⲩⲛⲉ]	*+ Faire rentrer [… sacs]*
ⲛ̄ⲥⲟⲩⲟ [ⲛϭⲣⲟϭ ⲛⲧⲉ ⲕⲟⲩ-]	*[de semence] de blé de*
ⲣⲟⲟⲩ ϩⲓⲧ[ⲛ…]	*Kouroou par [?]*
ⲡⲙⲁⲛϭⲁⲙⲟ[ⲩⲗ…]	*le chamelier [?]*
Θώθ η ιγ ἰν[δ(ικτίωνος) +++]	*8e jour du mois de Thot, 13e année de l'in[diction +++]*

5 ἰνδ/

Cet ostracon fait clairement partie d'un petit groupe d'ostraca écrits par le même scribe, le même jour, et concernant probablement une requête de semence de blé adressée au même domaine, « Kouroou », inconnu jusqu'à présent : voir O. BawitFribourg 38, 54 et 55.

Ce scribe est probablement le même que celui d'O. BawitFribourg 27.

O. BawitFribourg 29 — AeT_2005.67 — 12,5 × 7 cm

Cinq lignes, complet.
Fragment de paroi d'amphore *LRA* 7. La surface intérieure est recouverte d'un enduit noir.
Écriture régulière non ligaturée qui suit les côtes. Encre effacée à la première ligne.

⳨ Θώθ κ ιγ ἰνδ(ικτίωνος)	+ 20^e^ *(jour du mois) de Thot, 13e (année de l')indiction.*
ϣⲓ̈ⲛⲉ ⲛⲥⲁ ⲓ̅ⲃ̅ ⲛϭⲟⲟⲩⲛⲉ	*Faire rentrer 12 sacs*
ⲛⲥⲟⲩⲟ ϩⲓ̈ⲧⲛ ⲓ̈ⲁⲕⲱⲃ ⲡⲙⲁⲛ-	*de blé par Jakob*
ϭⲁⲙⲟⲩⲗ ⲛⲡⲕⲩⲙⲓ̈ⲧ̣ⲏⲣⲛ	*le chamelier du cimetière.*
ⲡϫ̣ⲓ̈ⲟⲩϣⲏⲙ	*Pdjiouchem*

1 ἰνδ/; **4** ⲛⲡⲕⲩⲙⲓ̈ⲧⲏⲣⲛ = κοιμητήριον

L. 5. ⲡϫ̣ⲓ̈ⲟⲩϣⲏⲙ. Le toponyme ⲡϫ̣ⲓ̈ⲟⲩϣⲏⲙ est également attesté dans O. BawitFribourg 30 et 31. W. Crum (*Coptic Dictionary*, p. 793) parle d'un toponyme « ⲡⲁⲡϫ̣ⲓ̈ⲟⲩ » déjà attesté à Baouît et dont le sens serait inconnu. Dans la chapelle XXVI du monastère, l'inscription « ⲡⲁⲓ ⲁⲣⲓⲡⲙⲏⲟⲩⲉ ⲙⲡⲁⲥⲟⲛ ⲧⲉⲗⲉⲙⲉ ⲡⲁⲡⲁϫ̣ⲓ̈ⲟⲩ ϩⲁⲙⲏⲛ » a été retrouvée, qui cite un ⲡⲁⲡⲁϫ̣ⲓ̈ⲟⲩ (J. Clédat, *Le monastère et la nécropole de Baouît* I, *MIFAO* 12, 1904, p. 140).

O. BawitFribourg 30 — AeT_2005.54 — 9 × 8 cm

Sept lignes, complet.
Fragment de paroi d'amphore *LRA 7*. L'enduit noir sur la surface intérieure est bien conservé.
Écriture au trait fin, assez régulière. Les chiffres, rédigés dans une plus grande taille et sur une ligne dédiée, sont mis en évidence.

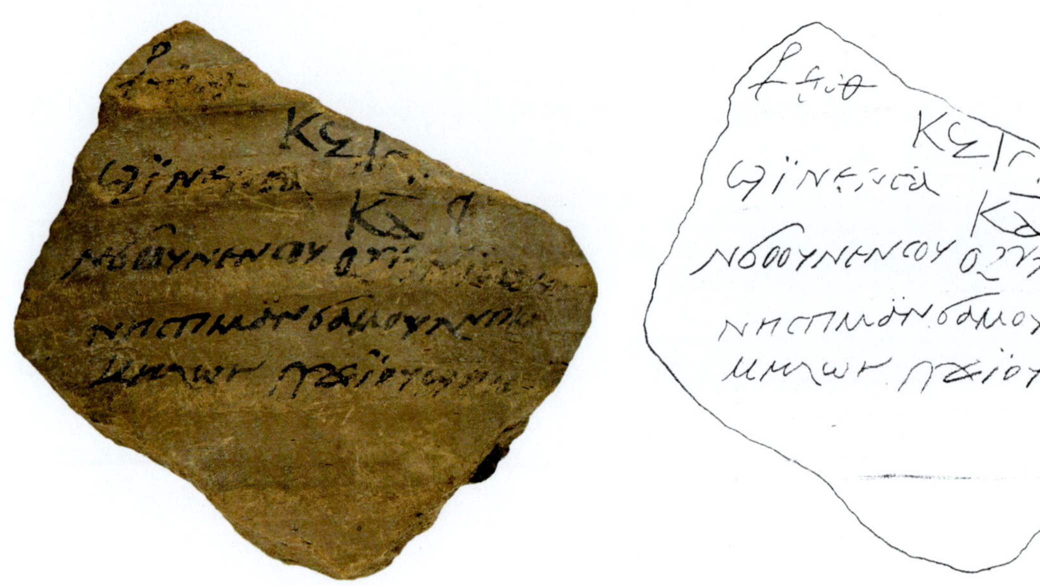

⳨ Θώθ κζ ιγ ἰνδ(ικτίωνος)
ϣⲓ̈ⲛⲉ ⲛⲥⲁ
ⲕ̅ⲇ̣̅ ϕ
ⲛϭⲟⲟⲛⲉ ⲛⲥⲟⲩⲟ ϩⲓⲧⲛ ⲓ̈ⲱϩⲁ-
ⲛⲏⲥ ⲡⲙⲁⲛϭⲁⲙⲟⲩⲗ ⲛⲡⲕⲁ-
ⲙⲏⲗⲱⲛ ⲡϫ̣ⲓ̈ⲟⲩϣⲏⲙ

\+ 27e *(jour du mois) de Thot, 13e (année de l')indiction.*
Faire rentrer
24
sacs de blé par
Jean, le chamelier
de l'étable à chameaux.
Pdjiouchem

1 ἰνδ/; **3** ϕ

L. 4. Entre la troisième et la quatrième ligne, à la droite du nombre indiquant la quantité de sacs à faire rentrer, un « ϕ » isolé est encore lisible. Le scribe a probablement voulu préciser aussi le numéro de livraison, ϕ(ⲟⲣⲁ), mais nous ne pouvons plus le lire.

O. BawitFribourg 31 AeT_2005.75 12 × 6,5 cm

Cinq lignes, complet.
Fragment de paroi d'amphore *LRA 7*.
Écriture très irrégulière car perpendiculaire aux côtes.

⳨ Θώθ κζ ιγ ἰνδ(ικτίωνος)	+ 27e *jour du mois de Thot, 13e année de l'indiction.*
ϣⲓ̈ⲛⲉ ⲛⲥⲁ ⲓ̅ⲃ̅ ⲛϭⲟⲟⲩⲛ[ⲉ]	*Faire rentrer 12 sacs*
ⲛⲥⲟⲩⲟ ϩⲓ̈ⲧⲛ ⲫⲓ̈ⲃ ⲡⲙⲁⲛ-	*de blé par Phib,*
ϭⲁⲙⲟⲩⲗ ⲛⲉⲕⲁⲥⲉ	*le chamelier des cordonniers.*
ⲥⲛ̅ⲑ̅ⲱ ⲡϫ̣ⲓ̈ⲟⲩϣⲏⲙ +	*Avec Dieu. Pdjiouchem +*

1 ἰνδ/ ; **5** ⲥⲛ̅ⲑ̅ⲱ = σὺν θεῷ̣ (?)

L. 5. ⲥⲛ̅ⲑ̅ⲱ. Comme pour les trois croix en fin d'ostracon (voir O. BawitFribourg 54 et 55), cette expression est habituellement rare dans ce contexte et beaucoup plus fréquente dans les textes religieux. Le scribe travaillait peut-être davantage sur des textes littéraires ; ou un toponyme pourrait avoir été indiqué à cet endroit du texte, ce qui paraît plus envisageable. Si cela était le cas, il s'agirait d'un toponyme inconnu.

O. BawitFribourg 32 | AeT_2005.42 | 6 × 5 cm

Cinq lignes, complet.
Fragment de paroi d'amphore *LRA 7*.
Écriture claire et bien espacée, dans la partie grecque comme dans la partie copte. Trait épais.

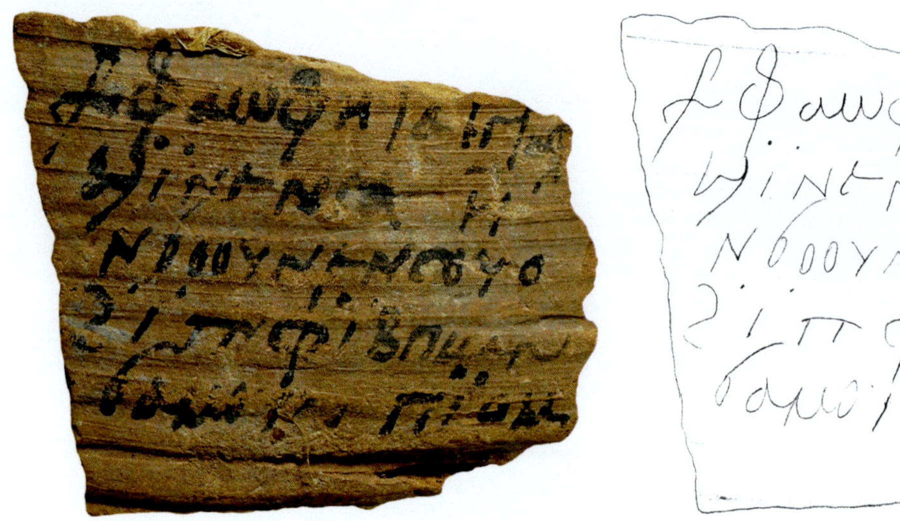

⳨ Φαῶφι ια ιγ ἰνδ(ικτίωνος)	*+11^{e} (jour du mois) de Phaophi, 13e (année) de l'indiction.*
ϣⲓ̈ⲛⲉ ⲛⲥⲁ ⲏ̅	*faire rentrer 8*
ⲛϭⲟⲟⲛⲉ ⲛⲥⲟⲩⲟ	*sacs de blé*
ϩⲓ̈ⲧⲛ ⲫⲓ̈ⲃ ⲡⲙⲁⲛ-	*par Phib le*
ϭⲁⲙⲟⲩⲗ ⲡⲓ̈ⲟⲙ	*chamelier. Piom*

1 ἰνδ/

L. 5. ⲡⲓ̈ⲟⲙ. Le scribe l'a écrit sur la même ligne que ϭⲁⲙⲟⲩⲗ en raison du manque de place, mais il s'agit du toponyme normalement écrit seul à la fin du texte.

O. BawitFribourg 33 AeT_2005.44 9 × 8 cm

Six lignes, complet.
Fragment de paroi d'amphore *LRA 7*.
Écriture bien espacée. Traits verticaux des lettres ι, κ, et ϕ très longs.

⳨ Φαῶφι ῑα ιγ ἰνδ(ικτίωνος)	+ 11^e^ *(jour du mois) de Phaophi, 13e (année de l')indiction.*
ϣⲓ̈ⲛⲉ ⲛⲥⲁ ⲕ̅ⲏ̅	*Faire rentrer 28*
ⲛϭⲟⲟⲩⲛⲉ ⲛⲥⲟⲩⲟ	*sacs de blé*
ϩⲓ̈ⲧⲛ ⲫⲟⲓⲃⲁⲙⲙⲱⲛ	*par Phoibammon*
ⲡⲁⲡⲕⲁⲙⲏⲗⲱⲛ	*le chamelier.*
ⲡⲓ̈ⲟⲙ	*Piom*

1 ἰνδ/

Cet ostracon montre des similitudes évidentes avec O. BawitFribourg 37 ; la seule différence est que le mot « ⲡⲁⲡⲕⲁⲙⲏⲗⲱⲛ » est écrit en entier et que le toponyme à la fin est encore lisible.

O. BawitFribourg 34 AeT_2005.45 10 × 8 cm

Huit lignes, complet.
Fragment de paroi d'amphore *LRA* 7.
Écriture fine et espacée qui suit bien les côtes de la céramique.

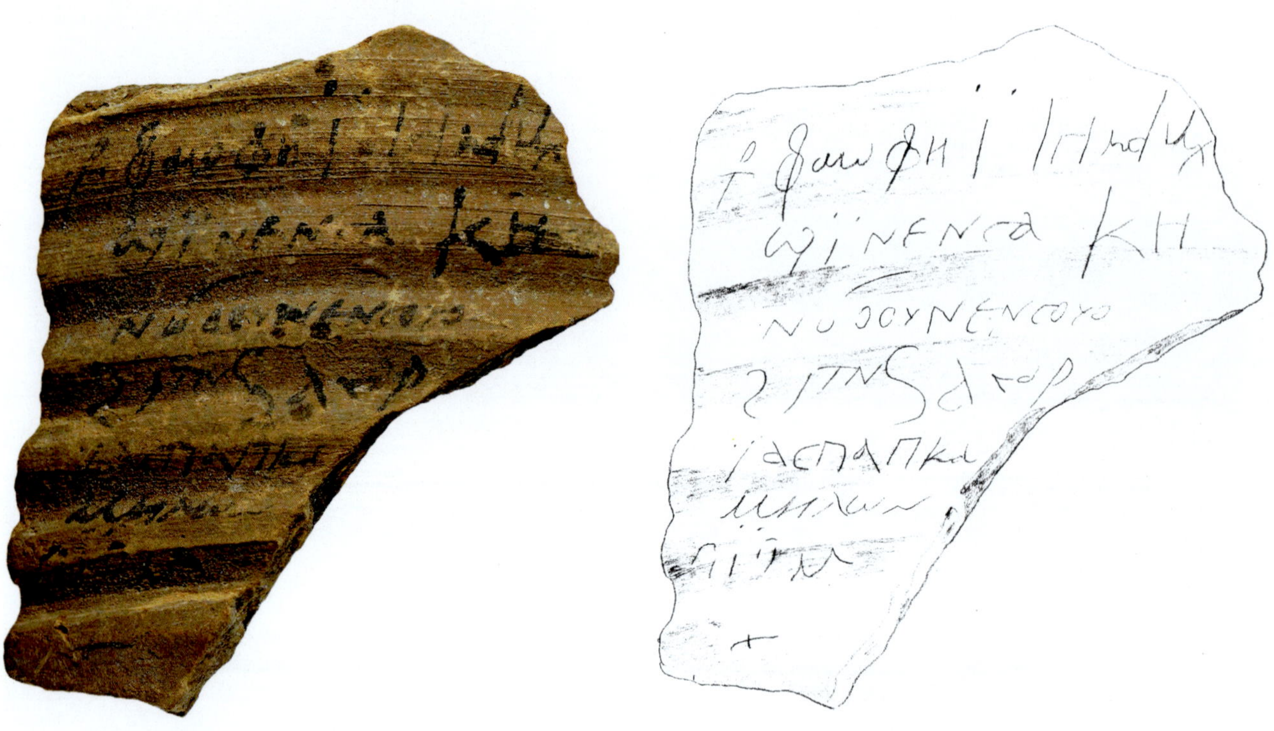

⳨ Φαῶφι ῑ ιγ ἰνδ(ικτίωνος)	+ 10ᵉ *(jour du mois) de Phaophi, 13ᵉ (année) de l'indiction.*
ϣϊⲛⲉ ⲛⲥⲁ ⲕⲏ	*Faire rentrer 28*
ⲛϭⲟⲟⲩⲛⲉ ⲛⲥⲟⲩⲟ	*sacs de blé*
ϩϊⲧⲛ ⲍⲁⲭⲁⲣ-	*par Zacharias*
ϊⲁⲥ ⲡⲁⲡⲕⲁ-	*le chamelier.*
ⲙⲏⲗⲱⲛ	*Piom*
ⲡϊⲟⲙ	+
+	

1 ἰνδ/

O. BawitFribourg 35 AeT_2005.46 12 × 9,5 cm

Six lignes, complet.
Fragment de paroi d'amphore *LRA 7*.
La quatrième ligne est très penchée sur la droite.
Les ϕ sont grands et élégants, et caractérisent la graphie du scribe.

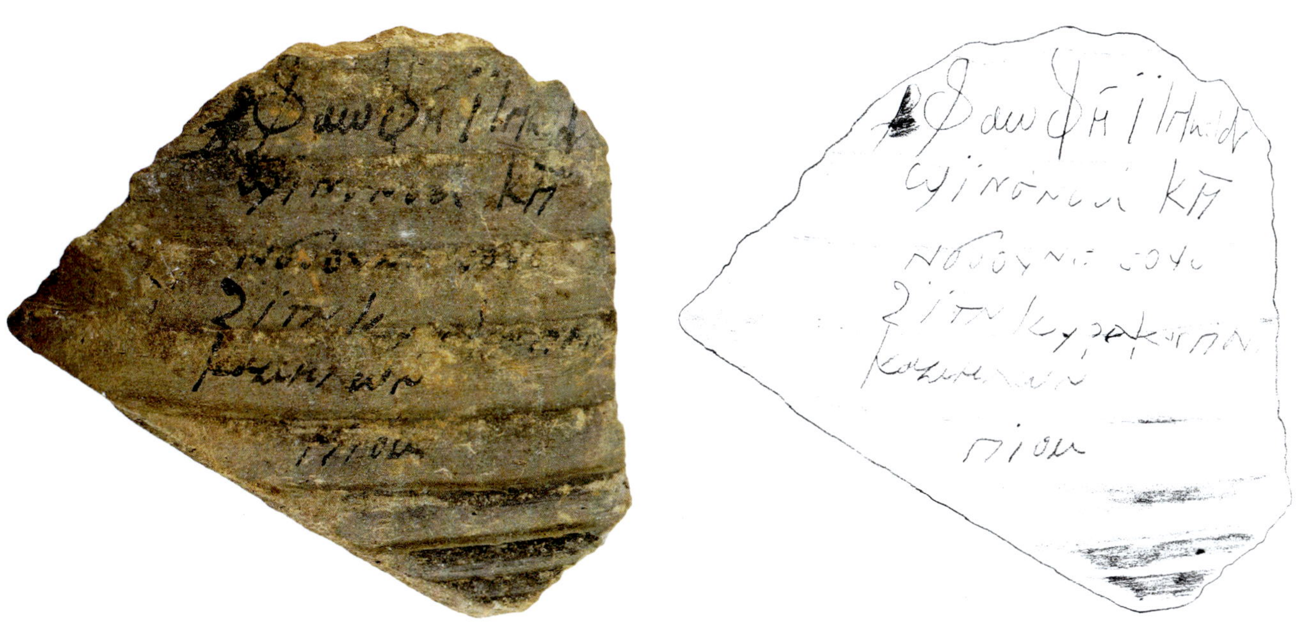

<table>
<tr><td>⳨ Φαῶφι ϊ ιγ ἰνδ(ικτίωνος)</td><td>+ 10e (jour du mois) de Phaophi, 13e (année) de l'indiction.</td></tr>
<tr><td>ϣϊⲛⲉ ⲛⲥⲁ ⲕ̅ⲏ̅</td><td>Faire rentrer 28</td></tr>
<tr><td>ⲛϭⲟⲟⲩⲛⲉ ⲛⲥⲟⲩⲟ</td><td>sacs de blé</td></tr>
<tr><td>ϩϊⲧⲛ ⲕⲩ̣ⲣ̣ⲁⲕⲟⲥ ⲡⲁⲡ-</td><td>par Kyrakos</td></tr>
<tr><td>ⲕⲁⲙⲏⲗⲱⲛ</td><td>le chamelier.</td></tr>
<tr><td>ⲡϊⲟⲙ</td><td>Piom</td></tr>
</table>

1 ἰνδ/

L. 1. Le mot « indiction » est abrégé ἰνδ/ comme à l'habitude. Entre le « n » et le « d », un deuxième « d », presque effacé, est écrit : soit le scribe avait tracé la lettre une première fois sans succès à cause de la côte puis avait répété le geste, soit il s'agit d'une abréviation particulière.

L. 4. « Kyrakos » pourrait être le nom du transporteur. Cet anthroponyme, plus souvent écrit « Kyriakos », est déjà attesté à Baouît (J. Clédat, *Baouît* I, p. 115).

O. BawitFribourg 36 AeT_2005.43 7,5 × 8 cm

Cinq lignes, incomplet.
Fragment de paroi d'amphore *LRA 7*.
Trait assez irrégulier à cause du support.

ⳁ Φαῶφι ϊ ιγ ἰνδ(ικτίωνος)	+ 10ᵉ *(jour du mois) de Phaophi, 13ᵉ (année) de l'indiction.*
ϣⲓ̈ⲛⲉ ⲛⲥⲁ ⲕ̣̅ⲅ̣̅	*Faire rentrer 23*
ⲛϭⲟⲟⲩⲛⲉ ⲛⲥⲟⲩⲟ	*sacs de blé*
ϩⲓ̈ⲧⲛ ⲁⲡⲁⲛⲟϭ	*par Apanok*
ⲡⲙⲁⲛϭ[ⲁⲙⲟⲩⲗ]	*le chamelier.*

1 ἰνδ/

L. 2. L'encre est effacée au niveau de l'indication du nombre de sacs. Un « ⲕ » suivi d'un « ⲅ » semblent pouvoir être reconnus, mais la comparaison avec les ostraca parallèles (O. BawitFribourg 28-31 et 33) inviterait plutôt à lire « ⲕⲏ ».

O. BawitFribourg 37 AeT_2005.41 8,5 × 8 cm

Cinq lignes, incomplet.
Fragment de paroi d'amphore (peut-être *LRA 7*). La surface intérieure présente des traces d'enduit noir.
Écriture bien lisible, à interlignes irréguliers.

⳨ Φαῶφι ι̅α̅ ιγ ἰνδ(ικτίωνος)	+ 11^e^ *(jour du mois) de Phaophi, 13e (année de l')indiction.*
ϣⲓ̈ⲛⲉ ⲛⲥⲁ ⲕⲏ̅	*Faire rentrer 28*
ⲛϭⲟⲟⲩⲛⲉ ⲛⲥⲟⲩⲟ	*sacs de blé*
ϩⲓ̈ⲧⲛ ⲫⲟⲓⲃⲁⲙⲙⲱⲛ	*par Phoibammon*
[ⲡⲁ]ⲡ̣ ⲕⲁⲙⲏⲗ(ⲱⲛ)	*le chamelier.*

1 ἰνδ/; **5** ⲡ̣ ⲕⲁⲙⲏⲗ/

L. 1. Φαῶφι. La graphie utilisée pour les deux « φ » est élégante et particulière. On la retrouve dans O. BawitFribourg 32-36.

O. BawitFribourg 38 AeT_2005.68 9 × 6 cm

Cinq lignes, complet.
Fragment de paroi d'amphore *LRA 7*.
Écriture grande et non ligaturée, développée verticalement.

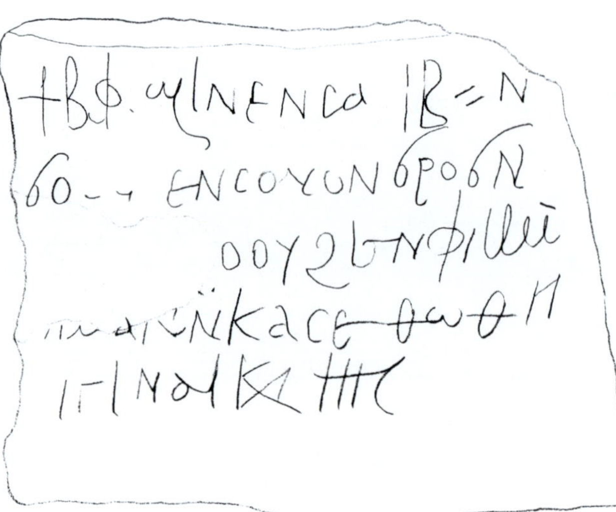

⳨ ⲃ φ(ορά) ϣⲓⲛⲉ ⲛⲥⲁ ⲓⲃ= ⲛ	+ 2ᵉ *livraison. Faire rentrer* 12
ϭⲟⲟⲩⲛⲉ ⲛⲥⲟⲩⲟ ⲛϭⲣⲟϭ ⲛ	*sacs de semence de blé*
ⲧ̣ⲉ̣ⲕ̣ⲟ̣ⲩ̣ⲣ̣ⲟⲟⲩ ϩⲓⲧⲛ ⲫⲓⲃ ⲙ̅	*de Kouroou par Phib*
ⲡⲙⲁⲛⲛⲕⲁⲥⲉ Θωθ η	*de la cordonnerie, 8ᵉ (jour du mois) de Thot,*
ιγ ἰνδικ(τίωνος) +++	13ᵉ *(année de l')indiction* +++

1 φ/; **5** ἰνδικ/

L. 2. À partir de cette ligne, la lecture de la partie gauche de l'ostracon devient de plus en plus difficile, la couche superficielle étant très abîmée. Elle l'était probablement déjà à l'époque de la rédaction : des traces d'encre sont encore visibles mais la porosité et la friabilité du matériel ont fait disparaître une partie de la couche.
La traduction littérale, en suivant l'ordre des mots proposé par le scribe, devrait être « de blé (et) de semence », mais il manque une conjonction de coordination explicite entre les mots « ⲛⲥⲟⲩⲟ » et « ⲛϭⲣⲟϭ ». En outre, la phrase est incomplète puisque le type de semences n'est pas précisé. Nous proposons alors de traduire « de semence de blé ». Le scribe aurait pu, par habitude, écrire « ⲛϭⲟⲟⲩⲛⲉ ⲛⲥⲟⲩⲟ », puis aurait ensuite ajouté le mot « ⲛϭⲣⲟϭ » : l'ordre correct de lecture devait donc être « ⲛϭⲟⲟⲩⲛⲉ ⲛϭⲣⲟϭ ⲛⲥⲟⲩⲟ ». Cette interprétation pourrait être corroborée par la datation (mois de Thot – septembre), soit après la récolte, au moment de stocker les semences pour l'année suivante. Ce même raisonnement vaut pour O. BawitFribourg 54 et 55.

GROUPE 3
O. BAWITFRIBOURG 39-50

Ce groupe suit un schéma fréquent dans les ostraca de Baouît, composé de deux parties: la première reprend l'organisation habituelle du groupe 1; la seconde comprend la souscription, en grec, de la transaction, suivie normalement de la date.

O. BawitFribourg 39 AeT_2005.49 9 × 6 cm

Six lignes, complet.
Fragment de paroi en pâte marneuse rouge-orange, à surface beige, avec un enduit noir sur la face intérieure. Écriture grande et non ligaturée dans la partie en copte, plus cursive et ligaturée dans la partie en grec.

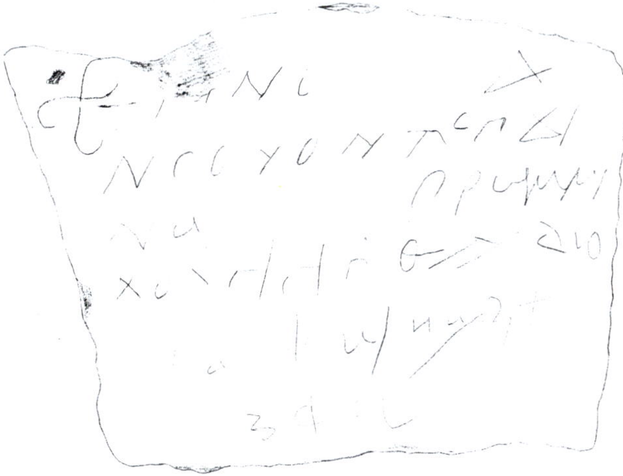

⳨ ϣⲓ̈ⲛⲉ ⲛⲥⲁ ⲃ	+ Faire rentrer 2
⟨ⲛϭⲟⲟⲩⲛⲉ⟩ ⲛⲥⲟⲩⲟ ⲛⲧⲉ ⲡϫⲓ-	(sacs) de blé de
ⲛⲓⲗ[ⲁ... ϩⲓⲧⲛ] ⲡⲣⲱⲙⲙⲓ	Pdjinil[a] par l'homme de
ϫⲟⲗ γί(νεται) σίτ(ου) θ[α]λλ(ία) δυο	Midjol, soit 2 sacs de blé.
Φα[ῶ]φ(ι) β ἰνδ(ικτίωνος) ζ +	2e (jour du mois) de Phaophi, 7e (année de l')indiction +
ζ φορ(ά)	7e livraison.

4 γί/, σίτ˙/, θαλλ/; **6** φαῶφ/, ἰνδ/; **7** φορ/

L. 2. Le scribe a indiqué la quantité mais a omis le mot correspondant à l'unité de mesure du blé. Sur la base des nombreux parallèles, la restitution du mot « ⲛϭⲟⲟⲩⲛⲉ », « sacs » est aisée.

L. 2-3. La préposition ⲛⲧⲉ est sans doute utilisée pour introduire le toponyme d'où provient le blé, mais l'encre a presque disparu. Nous proposons de restituer « ⲡϫⲓⲛⲓⲗⲁ », qui est déjà attesté dans le nome hermopolite (P. Bingen 150; M. Drew-Bear, *Le nome hermopolite*, p. 236-237).

L. 4. ⲙⲓϫⲟⲗ. Voir S. Timm, K.-H. Brune, *Das christlich-koptische Ägypten in arabischer Zeit*, p. 1671-1673; M. Drew-Bear, *op. cit.*, p. 160-163. Il s'agit de la localité de ⲙⲓⲕⲧⲱⲗ, connue en grec sous le nom de Μαγδῶλα Μιρὴ et attestée dans le catalogue John Rylands (n° 391:1) avec la même orthographe qu'ici (ⲙⲓϫⲟⲗ). Elle se trouve dans la toparchie de Péri Polin Katô, dans la région d'Hermopolis (el-Aschmounein).

O. BawitFribourg 40 AeT_2005.50 8 × 6 cm

Sept lignes, complet.

Fragment de paroi d'amphore *LRA 7*. La surface extérieure est très lisse, celle intérieure est couverte d'un enduit noir.

Deux grosses taches en bas à droite ; mot effacé et réécrit à l'avant dernière ligne.

L'écriture est plutôt rapide, surtout dans la partie en grec.

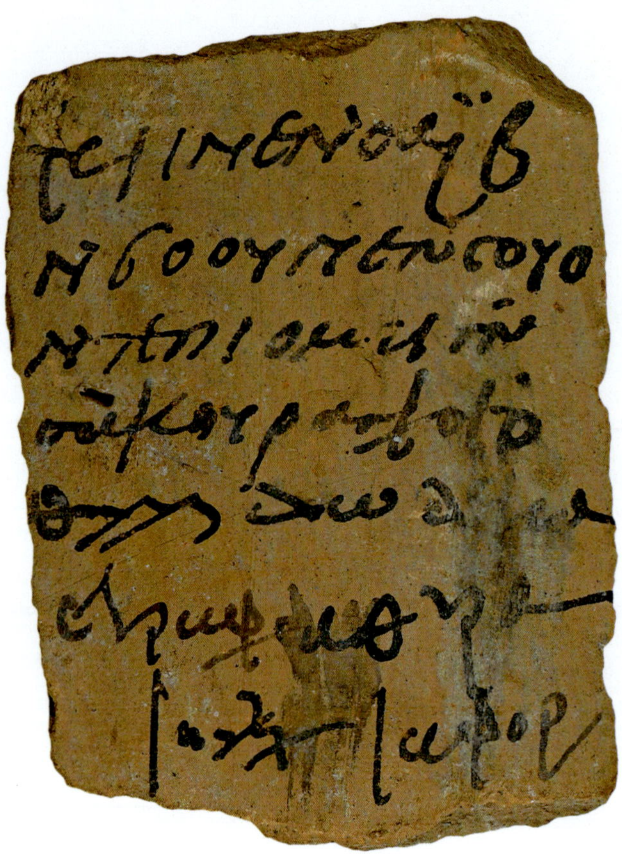

⳨ ϣⲓⲛⲉ ⲛ̀ⲥⲁ ⲓ̈ⲃ	*+ Faire rentrer 12*
ⲛ̀ϭⲟⲟⲩⲛⲉ ⲛⲥⲟⲩⲟ	*sacs de blé*
ⲛ̀ⲧⲉ ⲡⲓⲟⲙ ϩⲓⲧⲛ̄	*de Piom par*
ⲥⲁ̀ⲕⲟⲩⲣⲁ γί(νεται) σίτ(ου)	*Sakoura, soit*
θαλλ(ία) δώδεκα	*sacs de blé : 12.*
ἐγράφ(η) Ἀθύρ α	*Écrit le 1er (jour du mois) d'Hathyr,*
ἰνδ(ικτίωνος) ζ ιβ φορ(ά)	*7e (année de l')indiction. 12e livraison.*

4 γί/, σίτ/ ; **5** θαλλ/ ; **6** ἐγράφ/ ; **7** ἰνδ/, φορ/

L. 2. L'écriture de la préposition ϩⲓⲧⲛ̄, avec une ligature particulière entre les deux premières lettres, ainsi que la graphie de tout l'ostracon, renvoie à O. BawitFribourg 41 et 42 : on peut y reconnaître la main d'un même scribe.

O. BawitFribourg 41 — AeT_2005.65 — 9,5 × 6 cm

Dix lignes, complet.
Fragment de paroi d'amphore, probablement *LRA 7*.
Écriture cursive, surtout dans la partie en grec.

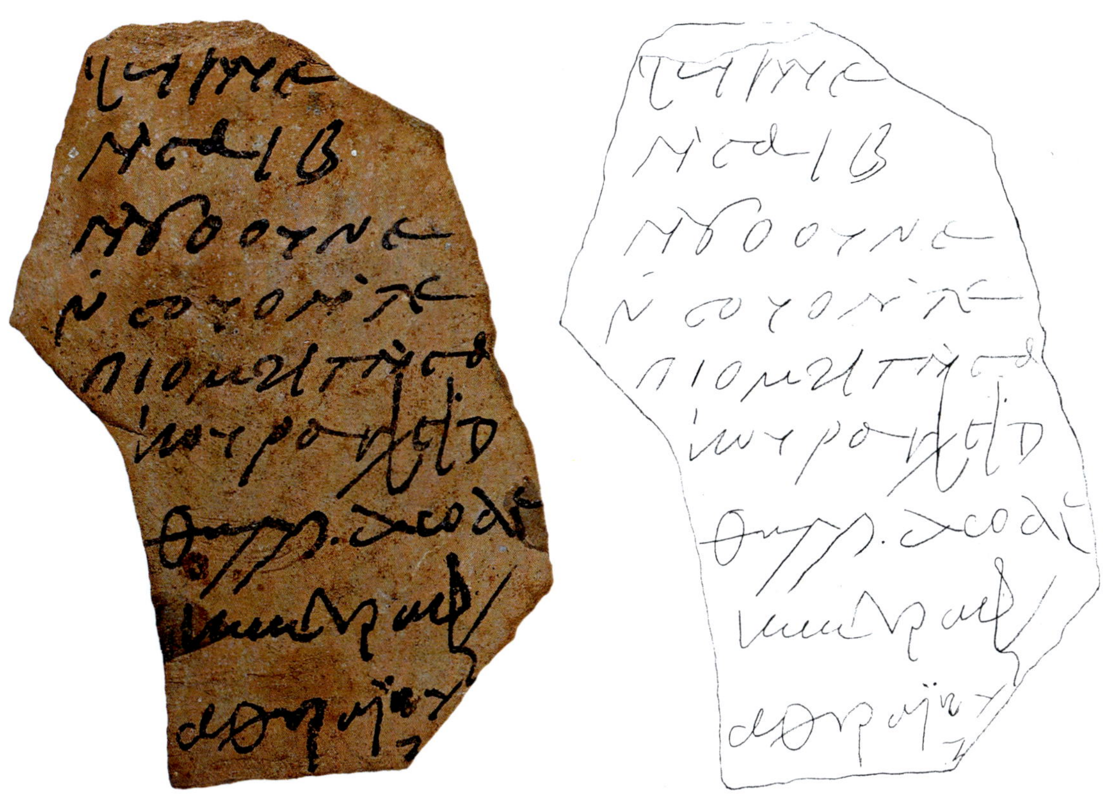

⳨ ϣⲓⲛⲉ ⲛ̀ⲥⲁ ⲓⲃ	*+ Faire*
ⲛ̀ϭⲟⲟⲩⲛⲉ	*rentrer 12*
ⲛ̇ⲥⲟⲩⲟ ⲛ̀ⲧⲉ	*sacs*
ⲡⲓⲟⲙ ϩⲓⲧⲛ̀ ⲥⲁ-	*de blé de*
ⲕⲟⲩⲣⲁ γί(νεται) σίτ(ου)	*Piom par*
θαλλ(ία) δώδε	*Sakoura, soit*
κα ἐγράφ(η)	*12 sacs de blé.*
Ἀθύρ α ἰν[δ](ικτίων)	*Écrit le*
ζ	*1er (jour du mois) d'Hathyr,*
	7e (année de l')indiction.

6 γί/, σῖτ/; **7** θαλλ/; **8** ἐγράφ/; **9** ἰν[δ]/

L. 4. Le point sur la lettre « ⲛ̇ » est probablement utilisé à la place du trait *djinkin*. Nous retrouvons habituellement ce point sur les « t » de σίτου et nous l'avions déjà relevé par exemple dans O. Nancy (A. Boud'hors, *Ostraca grecs et coptes des fouilles de Jean Maspero à Baouit. O. Bawit IFAO 1-67 et O. Nancy, BEC* 17, 2004, p. 98).

O. BawitFribourg 42 AeT_2005.57 10,5 × 10 cm

Sept lignes, complet.
Fragment de paroi d'amphore, probablement *LRA 7*.
Écriture rapide, surtout dans la partie en grec.

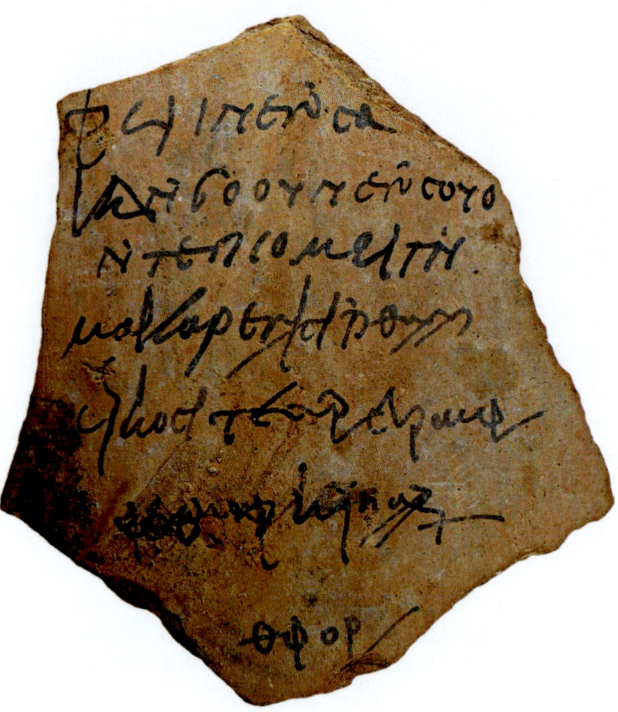

⳨ ϣⲓⲛⲉ ⲛ̀ⲥⲁ
ⲕⲇ̣ ⲛ̀ϭⲟⲟⲩⲛⲉ ⲛ̄ⲥⲟⲩⲟ
ⲛ̀ⲧⲉ ⲡⲓⲟⲙ ϩⲓⲧⲛ̀
ⲙⲁⲕⲁⲣⲉ γί(νεται) σίτ(ου) θαλλ(ία)
εἴκοσι τέσσ(α)ρ(α) ἐγράφ(η)
Ἀθύρ η ἰνδ(ικτίων) ζ
θ φορ(ά)

+ Faire rentrer
24 sacs de blé
de Piom par
Makarios, soit 24 sacs de blé. Écrit
le 8e (jour du mois) d'Hathyr, 7e (année de l')indiction.
9e livraison.

4 γί/, σίτ/, θαλλ/ ; **5** τέσσρ/, ἐγράφ/ ; **6** ἰνδ/ ; **7** φορ/

O. BawitFribourg 43 AeT_2005.51 10,5 × 6,5 cm

Neuf lignes, complet.
Fragment de paroi d'amphore (probablement *LRA* 7).
Écriture cursive et ligaturée.

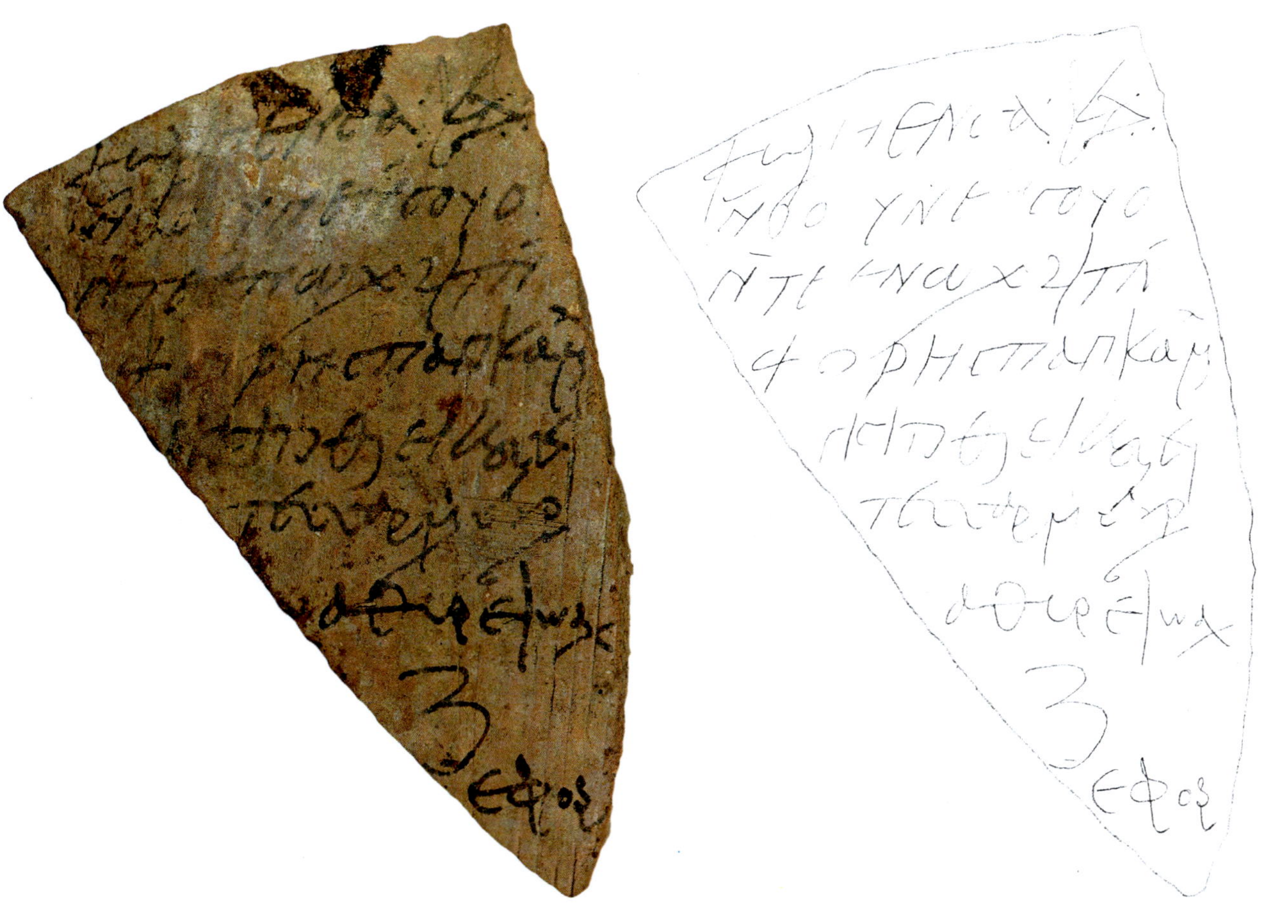

⳨ ϣⲓⲛⲉ ⲛⲥⲁ:ⲕ̣ⲇ̣:
ⲛ̄ϭⲟⲟⲩⲛⲉ ⲛ̄ⲥⲟⲩⲟ
ⲛ̀ⲧⲉ ⲉⲛⲱⲭ ϩⲓⲧⲛ̄
ⲫ̣ ⲟ ⲣ̣ⲏⲥ ⲡⲁⲡⲕⲁⲙ(ⲏ)ⲗ(ⲱⲛ)
γί(ν̣εται) σίτ(ου) θ(αλλία) εἴκοσει
τέσσαρ(α) μ(όνα) ἐγρ(άφη)
Ἀθύρ ε ἰνδ(ικτίων)
ζ
ε φορ(ά)

+ Faire rentrer 24
sacs de blé
d'Enoch par
Phores le chamelier,
soit sacs : 24.
Exactement écrit
le 5e (jour du mois) d'Hathyr,
7e (année de l')indiction.
5e livraison.

4 ⲡⲁⲡⲕⲁⲙⲗ ; **5** γί/, σίτ/, θ/ ; **6** μ˙/, ἐγρ/ ; **7** ἰνδ/ ; **9** φορ/

L. 1. Les points de chaque côté du nombre de sacs servent à le mettre en évidence (comme c'était le cas du *vacat* utilisé dans O. BawitFribourg 10) ; ils sont une caractéristique du scribe (voir O. BawitFribourg 44-46).

L. 3. ⲉⲛⲱϫ. Selon M. Drew-Bear (*Le nome hermopolite*, p. 99, 110), ce toponyme désigne des terres qui se trouvent à Θαλμόου, un lieu attesté dans le nome hermopolite du VIe au VIIe/VIIIe siècle par les sources grecques et au VIIIe siècle par une source copte. Cependant, si le mot est compris dans son premier sens, il pourrait s'agir d'un champ quelconque ainsi dénommé d'après un précédent propriétaire.

L. 4. ⲫ̣ ⲟ̣ ⲣ̣ⲏⲥ. De lecture incertaine, il s'agit sûrement du nom du transporteur.

O. BawitFribourg 44 — AeT_2005.52 — 7 × 6 cm

Six lignes, incomplet.
Fragment de paroi d'amphore, probablement *LRA 7*.
Écriture rapide et ligaturée dans sa partie en grec ; deux points ont été utilisés pour mettre en évidence le nombre à la première ligne.

⳨ ϣⲓⲛⲉ ⲛ̄ⲥⲁ:ⲕ:
ⲛ̄ϭⲟⲟⲩⲛⲉ ⲛ̄ⲥⲟⲩⲟ
ⲛ̄ⲧⲉ ⲫⲁⲛⲟϊ
ϩⲓⲧⲛ̄ ⲕⲉⲛⲧⲏⲛⲁⲣ(ⲛ̄)
γί(νεται) σίτ(ου) θ(αλλία) εἴκοσει
μ(όνα) ἐγρ(άφη) Ἁθύρ ε
[ἰνδ(ικτίων) ζ (?)]

+ Faire rentrer 20
sacs de blé
de Phandjioi
par Kentenarion,
soit 20 sacs de blé.
Exactement écrit le 5e (jour du mois) d'Hathyr,
[7e ? (année de l')indiction]

4 ⲕⲉⲛⲧⲏⲛⲁⲣ/ ; **5** γί/, σίτ/, θ/ ; **6** ⲙ, ἐγρ/

L. 3. Le toponyme « Phandjioi », cité aussi dans O. BawitFribourg 45 et 46, présente un « ϫ » écrit de la même manière : ces ostraca ont probablement été rédigés par le même scribe.

L. 4. ⲕⲉⲛⲧⲏⲛⲁⲣⲛ̄. Anthroponyme déjà attesté dans un ostracon d'une collection privée provenant de Baouît (S.J. Clackson, « Reconstructing the Archives of the Monastery of Apollo at Bawit », *Atti del XXII Congresso Internazionale di Papirologia, Firenze 23-29 agosto 1998*, 2001, p. 231).

L. 7. À partir de l'attribution de cet ostracon au même scribe que les deux ostraca suivants, et sur la base des traces d'écriture encore visibles, la restitution « 7ᵉ (année de l')indiction » est la plus plausible.

O. BawitFribourg 45 | AeT_2005.58 | 10 × 6 cm

Neuf lignes, complet.
Fragment de paroi d'amphore (peut-être *LRA* 7).
Écriture cursive très irrégulière, surtout vers la fin.

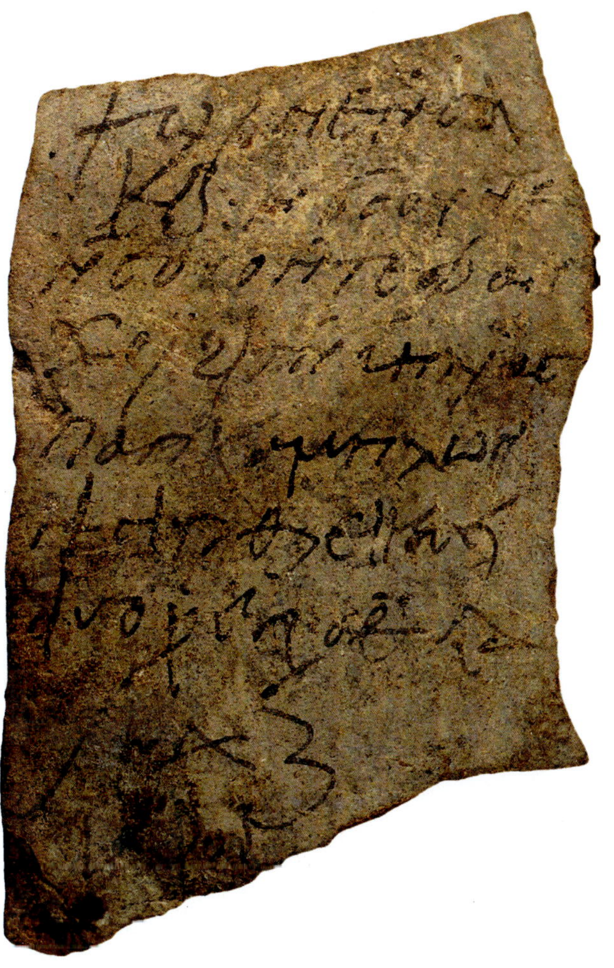

⳨ ϣⲓⲛⲉ ⲛ̀ⲥⲁ
ⲕⲃ ⲛϭⲟⲟⲩⲛⲉ
ⲛⲥⲟⲩⲟ ⲛⲧⲉ ⲫⲁⲛ-
ϫⲟⲓ̈ ϩⲓⲧⲛ̄ ϩⲏⲗⲓ̄ⲁⲥ
ⲡⲁⲡⲕⲁⲙⲏⲗⲁⲱⲛ
γί(νεται) σίτ(ου) θ(αλλία) εἴκοσει
δύο μ(όνα) ἐγρ(άφη) Ἁθύρ δ
ἰνδ(ικτίων) ζ
ια φορ(ά)

+ Faire rentrer
22 sacs de blé de Phandjioi
par Helias
le chamelier,
soit sacs : 22.
Exactement écrit le 4ᵉ (jour du mois) d'Hathyr,
7ᵉ (année de l')indiction.
11ᵉ livraison.

6 γί/, σί̈τ/, θ/ ; **7** μ˙/, ἐγρ/ ; **8** ἰνδ/ ; **9** φορ/

O. BawitFribourg 46 — AeT_2005.64 — 12 × 9 cm

Huit lignes, complet.
Fragment de paroi d'amphore *LRA 7*.
Écriture rapide, ligaturée dans la partie en grec.

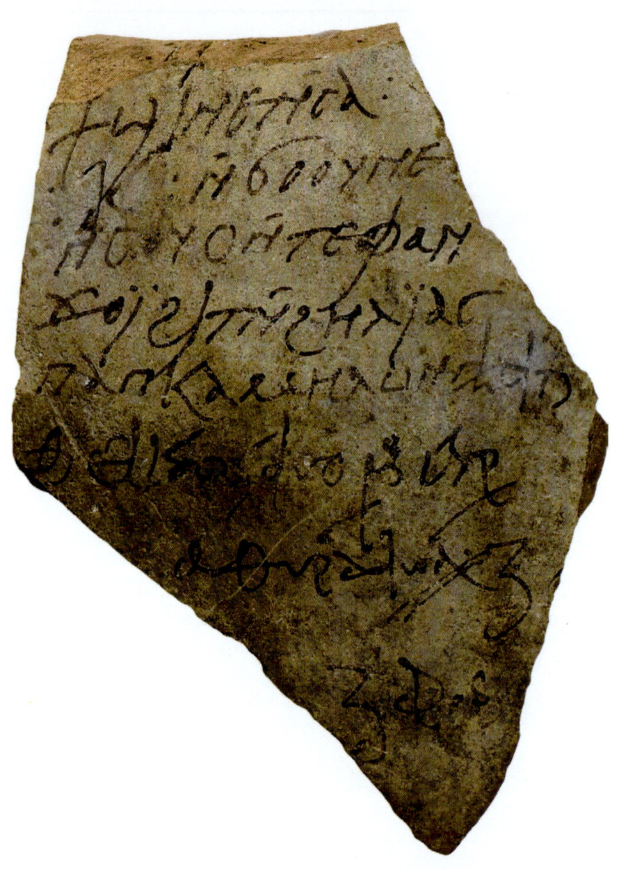

⳨ ϣⲓⲛⲉ ⲛⲥⲁ:
:ⲕ: ⲛϭⲟⲟⲩⲛⲉ
ⲛ̀ⲥⲟⲩⲟ ⲛ̄ⲧⲉ ⲫⲁⲛ-
ϫⲟⲓ̈ ϩⲓⲧⲛ̄ ϩⲏⲗⲓ̈ⲁⲥ
ⲡⲁⲡⲕⲁⲙⲏⲗⲱⲛ γί(νεται) σίτ(ου)
θ(αλλία) εἴκοσει δύο μ(όνα) ἐγρ(άφη)
Ἀθύρ δ ἰνδ(ικτίων) ζ
ζ φορ(ά)

+ Faire rentrer
20 sacs
de blé de
Phandjioi par Helias
le chamelier, soit 20 sacs de blé.
Exactement écrit
le 4e (jour du mois) d'Hathyr, 7e (année de l')indiction.
7e livraison.

5 γί/, σίτ/; **6** θ/, μ˙/, ἐγρ/; **7** ἰνδ/; **8** φορ/

Cet ostracon est directement lié à O. BawitFribourg 45 : ils témoignent de deux différentes livraisons faites par le même chamelier, le même jour, depuis le même domaine.

L. 1. Les deux points à la fin de cette ligne indiquent probablement que le scribe voulait écrire là le chiffre « ⲕ », mais la place étant limitée, il aura préféré réécrire les deux points à la ligne suivante.

O. BawitFribourg 47 — AeT_2005.55 — 7,5 × 7 cm

Sept lignes, incomplet.
Fragment de paroi de céramique en pâte alluviale.
Écriture irrégulière penchée sur la droite.

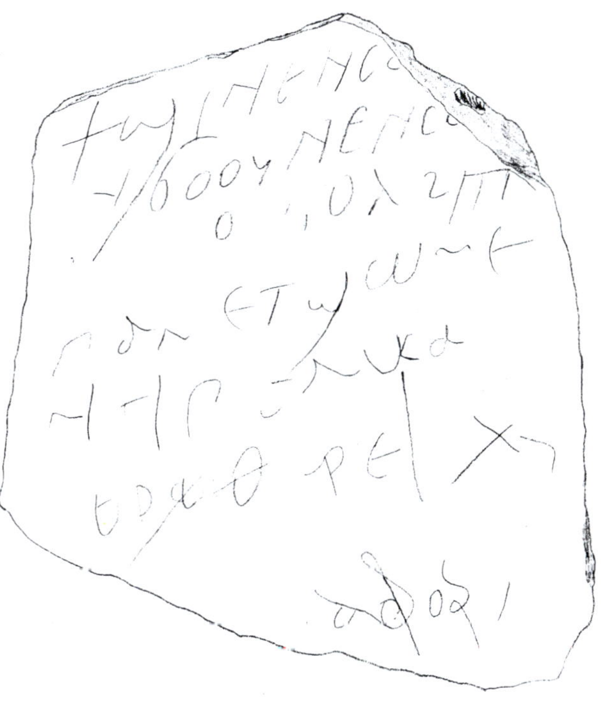

⳨ ϣⲓⲛⲉ ⲛⲥⲁ [...]	+ *Faire rentrer [...]*
ⲛϭⲟⲟⲩⲛⲉ ⲛⲥ(ⲟⲩⲟ)	*sacs de blé*
ⲛⲧⲉ [ⲙⲓϫ]ⲟⲗ ϩⲓⲧⲛ	*de [Midj]ol par*
ⲡⲁⲛⲉⲧϣⲱⲛⲉ	*celui de l'infirmerie,*
γί(νεται) σίτ(ου) θ(αλλία) εἴκοσει	*soit sacs de blé : 20.*
ἐγρ(άφη) Ἀθύρ ε ἰνδ(ικτίων)	*Écrit le 5e (jour du mois) d'Hathyr, [...] (année de l')indiction.*
α φορ(ά)	*1re livraison.*

5 γί/, σίτ/, θ/ ; **6** ἐγρ/, ἰνδ/ ; **7** φορ/

L. 3. [ⲙⲓϫ]ⲟⲗ. Nous pouvons restituer de manière sûre le toponyme « ⲙⲓϫⲟⲗ » grâce à une comparaison avec O. BawitFribourg 39.

L. 4. ⲡⲁⲛⲉⲧϣⲱⲛⲉ. Plutôt qu'un anthroponyme, il s'agit probablement d'un titre lié à une profession. Le mot « ϣⲱⲛⲉ » signifie « malades » (W. Crum, *Coptic Dictionary*, p. 564), donc « ⲡⲁⲛⲉⲧϣⲱⲛⲉ » serait « celui des malades », c'est-à-dire « de l'infirmerie ».

O. BawitFribourg 48 — AeT_2005.59 — 12,5 × 9,5 cm

Neuf lignes, complet.
Fragment de paroi d'amphore *LRA 7*.
La lisibilité de l'écriture décroît au fil des lignes.

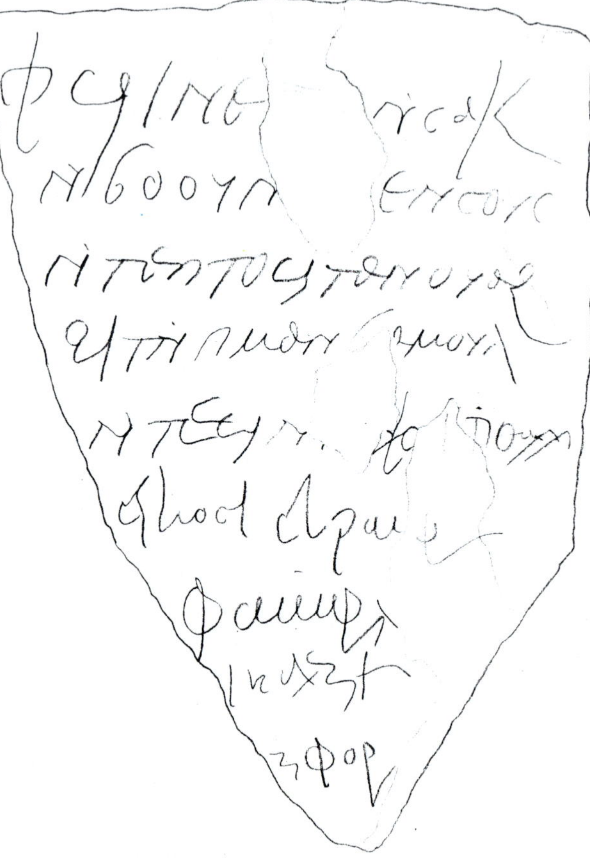

⳨ ϣⲓⲛⲉ ⲛ̄ⲥⲁ ⲕ
ⲛ̄ϭⲟⲟⲩⲛⲉ ⲛⲥⲟⲩⲟ
ⲛ̄ⲧⲉ ⲡⲧⲟϣⲧⲉⲛⲟⲩⲁϩ
ϩⲓⲧⲛ̄ ⲡⲙⲁⲛϭⲁⲙⲟⲩⲗ
ⲛⲧⲉϣⲛⲉ γί(νεται) σίτ(ου) θαλλ(ία)
εἴκοσει ἐγράφ(η)
Φαῶφ(ι) λ̣
ἰνδ(ικτίων) ζ +
ζ φορ(ά)

+ Faire rentrer 20
sacs de blé
de la région de Tenouah
par le chamelier
de Techné, soit sacs de blé:
20. Écrit le
30e (jour du mois) de Phaophi,
7e (année de l')indiction.
7e livraison.

5 γί/, σίτ/, θαλλ/; **6** ἐγραφ/; **7** φαωφ/; **8** ἰνδ/; **9** φορ/

L. 1. L'éclat était déjà présent à l'époque de la rédaction, comme le laisse deviner la distance entre « ϣⲓⲛⲉ » et « ⲛⲥⲁ », et celle entre le « ⲛ » et le « ⲉ » de ⲛϭⲟⲟⲩⲛⲉ à la deuxième ligne.

L. 3. ⲡⲧⲟϣⲧⲉⲛⲟⲩⲁϩ. Ce toponyme est aussi attesté sur deux autres ostraca provenant de Baouît, l'un conservé à Paris (S.J. Clackson, « Reconstructing the Archives of the Monastery of Apollo at Bawit », p. 232), l'autre à l'Oriental Museum, University of Durham (W.J. Tait, « A Coptic 'Enquiry' About a Delivery of Wheat », *Studies in the Culture and Heritage of Ancient Egypt in Honour of A.F. Shore*, 1994, p. 337-342).

O. BawitFribourg 49 — AeT_2005.63 — 12 × 10 cm

Cinq lignes, complet.
Fragment de paroi d'amphore *LRA* 7, très râpé et abîmé.
Lecture difficile en raison de l'effacement de l'encre.

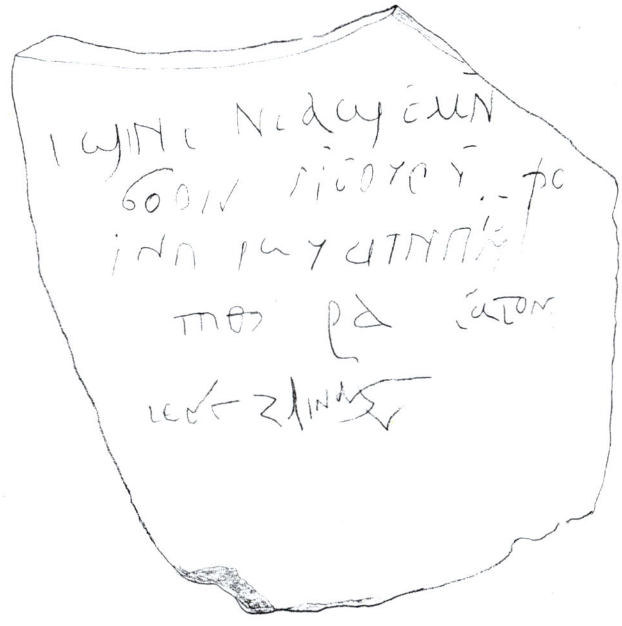

⳨ ϣⲓⲛⲉ ⲛⲥⲁ ϣⲉⲙⲛ̄[ϥⲧⲟⲟⲩ]	+ *Faire rentrer 104*
ⲛϭⲟⲟⲩⲛⲉ ⲛ̀ⲥⲟⲩⲟ ⲛ̄[ⲧⲉ] ⲫ̣ⲟ̣-	*sacs de blé du champ*
ⲓ̈ ⲛϩⲟⲣⲟⲟⲩ ϩⲓⲧⲛ̄ ⲡ̓ⲓ̈ⲟ̓ⲙ	*de Horou par Piom,*
γί(νε̣ται) σί̣τ(ου) θ(αλλία) ρδ ἑκατόν τέσσαρα	*soit 104 sacs de blé.*
Μεσ(ορή) ζ ἰνδ(ικτίων) ϛ	*7e (jour du mois) de Mésoré, 6e (année de l') indiction.*

4 γί/, σίτ/, θ/; **5** μεσ/, ἰνδ/

O. BawitFribourg 50 — AeT_2005.61 — 12,5 × 13 cm

Huit lignes, incomplet.
Fragment de paroi d'amphore *LRA 7*.
Écriture irrégulière et imprécise, rigide et incertaine, comme si le scribe était débutant.

⳨ ϣⲓⲛⲉ ⳨ ⲛⲥⲁ ⲓⲏ	+ *Faire rentrer 18*
ⲛϭⲟⲟⲩⲛⲉ ⲛ̀ⲥⲟⲩⲟ ⲛⲧⲉ ⲡⲡⲁ-	*sacs de blé de*
ⲡⲁ ⲁⲡⲟⲗⲗⲱ ⲡⲣⲱⲙⲉ ⲡⲁⲯ̣ ⲉ-	*papa Apollo, l'homme de Papselon,*
ⲗ̣ⲟⲛ ϩⲓ̈ⲧⲛ̄ ⲡⲁⲃⲁⲕϣ ⲡⲁ-	*par Pabakch*
ⲡⲕⲁⲙⲏⲗⲱⲛ ⲙⲛ̄ ϭⲟⲟⲩⲛⲉ	*le chamelier, et 2 sacs*
ⲥⲏⲛⲧⲉ ⲛⲥⲓⲙ ⲛⲧⲉ ⲑⲉⲛⲉ[ⲧⲉ]	*d'herbe du monastère*
ⲛ ⲥⲧⲉⲫ(ⲁⲛⲟⲥ) ⲧⲟⲅ̄(?)	*de Stéphanos* ⲧⲟⲅ *(?),*
γί(νεται) σίτ(ου) θαλλ(ία) ιη	*soit sacs de blé: 18,*
(και) λαχ(άνου) θαλ(λία) β	*et 2 sacs de légumes (?)*

7 ⲥⲧⲉⲫ/, ⲧⲟⲅ̄/, γί/, σίτ/, θαλλ/ ; **8** ϧ, θαλ/

L. 1. Le scribe a inséré une croix entre ϣⲓⲛⲉ et ⲛⲥⲁ dans l'interligne supérieur.

L. 3. Ce mot est de lecture très difficile ; il s'agit sûrement d'un toponyme indiquant la provenance de *papa* Apollo et, par conséquent, le domaine où les sacs de blé se trouvent. Nous proposons la lecture « Papselon » mais ce toponyme n'est pas attesté ailleurs.

L. 7. ⲧⲟⲅ̄ (?). Nous attendrions une qualification de Stéphanos, mais nous ne pouvons pas la restituer car il n'y a pas de monastère connu dans le nome hermopolite (le plus proche se trouve dans le nome arsinoïte).

L. 9. λαχ(άνου). A. Delattre (*Papyrus coptes et grecs*, p. 207) propose pour le mot λαχάνον la traduction « sésame ».

GROUPE 4
O. BAWITFRIBOURG 51-59

Ce lot regroupe les ostraca à *incipit* « ϣⲓⲛⲉ ⲛⲥⲁ » qui documentent le transport de produits autres que du blé.

O. BawitFribourg 51-53 suivent tous le même formulaire que celui du groupe 1, avec les informations suivantes :

- ϣⲓⲛⲉ ⲛⲥⲁ
- Chiffre(s) + ⲛϭⲟⲟⲩⲛⲉ ⲛϭⲣⲟϭ ;
- ϩⲓⲧⲛ + nom du transporteur ;
- Anthroponyme/toponyme.

O. BawitFribourg 54 et 55 ajoutent la datation en fin de texte. Il est intéressant de remarquer qu'ils présentent tous les deux la même provenance, « Kouroou », et la même date, « 8e jour du mois de Thot, 13e année de l'indiction ». Une mention de la livraison, dans ce cas absente, nous aurait permis de savoir dans quel ordre chronologique ces ostraca avaient été rédigés.

O. BawitFribourg 51 — AeT_2005.23 — 10 × 8 cm

Quatre lignes, complet (deux fragments jointifs).
Fragment de fond de céramique fine *Egyptian red slip A* avec décor de guillochis sur la surface intérieure.
Écriture grande, au trait épais, et penchée à droite.

⳨ ϣⲓ̈ⲛⲉ ⲛⲥⲁ ⲕ̅ⲃ̅	*+ Faire rentrer 22*
ⲛϭⲟⲟⲩⲛⲉ ⲛϭⲣⲟϭ	*sacs de semence*
ϩⲓ̈ⲧⲛ ⲃⲓ̈ⲕⲧⲱⲣ ⲡⲁⲡⲕⲁ-	*par Victor*
ⲙⲏⲗⲱⲛ	*le chamelier.*
ⲓⲥⲁⲕ	*Isac*

L. 2. Le petit trait après le mot « ⲛϭⲣⲟϭ » n'est probablement qu'une tache ou peut-être le début du mot « ϩⲓ̈ⲧⲛ » finalement écrit à la ligne 3.

O. BawitFribourg 52 — AeT_2005.46b — 12 × 6 cm

Cinq lignes, complet.
Fragment de paroi d'amphore *LRA 7*.
Écriture à interlignes irréguliers.

⳨ ϣⲓ̈ⲛⲉ ⲛⲥⲁ ⲕⲃ	+ *Faire rentrer* 22
ⲛϭⲟⲟⲩⲛⲉ ⲛϭⲣⲟϭ ϩⲓ̈ⲧⲛ	*sacs de semence par*
ⲍⲁ-	*Za-*
ⲭⲁⲣⲓ̈ⲁⲥ ⲡⲁⲡⲕⲁⲙⲏ-	*charias le chamelier.*
ⲗⲱⲛ ⲡϣⲉⲙⲁⲙⲏⲓ̈	*Pchemamei*

L. 3-4. L'anthroponyme ⲍⲁⲭⲁⲣⲓ̈ⲁⲥ est écrit sur deux lignes. Le choix du scribe de passer à la ligne après « ⲍⲁ » est étrange, étant donné qu'il restait suffisamment de place pour écrire le mot entier sur la même ligne.

L. 5. ⲡϣⲉⲙⲁⲙⲏⲓ̈. Toponyme attesté aussi dans O. BawitFribourg 53 comme un domaine où aller chercher de la semence.

O. BawitFribourg 53 — AeT_2005.69 — 10,5 × 10 cm

Quatre lignes, complet.
Fragment de paroi d'amphore *LRA 7*.
Écriture régulière et non ligaturée. Interlignes amples, le scribe ayant utilisé seulement les zones lisses entre les côtes.

⳨ ϣⲓ̈ⲛⲉ ⲛⲥⲁ ⲓ̅ⲏ̅
ⲛϭⲟⲟⲩⲛⲉ ⲛϭⲣⲟϭ
ϩⲓ̈ⲧⲛ ⲁⲡⲁⲛⲟϭ ⲡⲙⲁⲛ-
ϭⲁⲙⲟⲩⲗ ⲡϣⲉⲙⲁⲙⲏⲓ

+ Faire rentrer 18
sacs de semence
par Apanok
le chamelier. Pchemamei.

O. BawitFribourg 54 AeT_2005.70 10 × 7 cm

Six lignes, complet.
Fragment de paroi d'amphore *LRA 7*.
L'écriture est rigide et se développe beaucoup verticalement. Le trait est épais.

⳨ ϣⲓⲛⲉ ⲛ̀ⲥⲁ ⲕ̣ⲇ̣ ⲛϭⲟ-	+ *Faire rentrer 24*
ⲟⲩⲛⲉ ⲛⲥⲟⲩⲟ ⲛ̀ϭⲣⲟϭ ⲛⲧⲉ	*sacs de semence de blé de*
ⲕⲟⲩⲣⲟⲟⲩ ϩⲓⲧⲛ̀ ⲡⲕⲁⲙⲏ-	*Kouroou par l'étable à chameaux.*
ⲗⲱⲛ Θωθ η	8ᵉ *(jour du mois) de Thot,*
ιγ ἰνδ(ικτίωνος)	13ᵉ *(année de l')indiction.*
⳨⳨⳨	+++

5 ἰνδ /

L. 2. Pour la traduction, voir le commentaire d'O. BawitFribourg 38.

Cet ostracon ressemble beaucoup à O. BawitFribourg 38 : mêmes produits, même provenance et même date. En revanche, cette livraison a été effectuée par quelqu'un « de l'étable à chameaux », tandis que celle d'O. BawitFribourg 38 a été effectuée par Phib, chamelier de la cordonnerie. Le numéro de livraison n'est malheureusement pas indiqué ici.

Les trois croix liées à la fin du texte caractérisent l'écriture de ce scribe.

O. BawitFribourg 55 AeT_2005.71 9 × 6 cm

Cinq lignes, incomplet (partie gauche manquante).
Fragment de paroi d'amphore *LRA 7*.

[⳨ ϣⲓⲛⲉ ⲛ]ⲥⲁ ⲇ̣ ⲛ̀ϭⲟⲟⲩⲛⲉ	*[+ Faire rentrer] 4 sacs*
[...] ⲛ̀ϣⲟⲩϭⲣⲟϭ ⲛ̀ⲧⲉ ⲕⲟⲩ	*de bonne semence [de blé] de*
[ⲣⲟⲟⲩ ϩⲓⲧ]ⲛ̅ ⲫⲟⲓⲃⲁⲙⲙⲱⲛ	*Kou[roou par] Phoibammon,*
[ⲡⲙⲁⲛϩⲁⲙⲟ]ⲩⲗ ⲛⲛⲉⲧϣⲱⲛⲉ	*[le chamelier] de l'infirmerie.*
[Θωθ η ιγ ἰν]δικ(τίωνος) ⳨⳨⳨	*[8e (jour du mois) de Thot, 13e (année de l')in]diction. +++*

5 [ἰν]δικ /

L. 2. Cet ostracon ressemble aux O. BawitFribourg 38 et 54 (ainsi qu'au 28). Il est évident que les trois ostraca ont été écrits par le même scribe. La preuve la plus marquante est l'utilisation inusuelle des trois croix à la fin du texte, plutôt caractéristique des papyrus. Il est possible que ce scribe ait été plus souvent en charge de la rédaction de papyrus que d'ostraca. Sur la base de cette comparaison, nous proposons de combler la lacune avant le mot « ⲛ̀ϣⲟⲩϭⲣⲟϭ » avec le mot « ⲛⲥⲟⲩⲟ ».

L. 4. ⲛⲛⲉⲧϣⲱⲛⲉ, « les malades ». Voir O. BawitFribourg 47.

L. 5. Toujours en comparant l'ostracon avec ses deux parallèles, nous proposons de restituer « le 8e jour du mois de Thot (Θωθ η) » et « la 13e année (ιγ) de l'indiction ».

O. BawitFribourg 56 AeT_2005.74 10 × 7 cm

Sept lignes, complet.
Fragment de paroi d'amphore (probablement *LRA 7*).
Écriture grande, régulière et espacée.

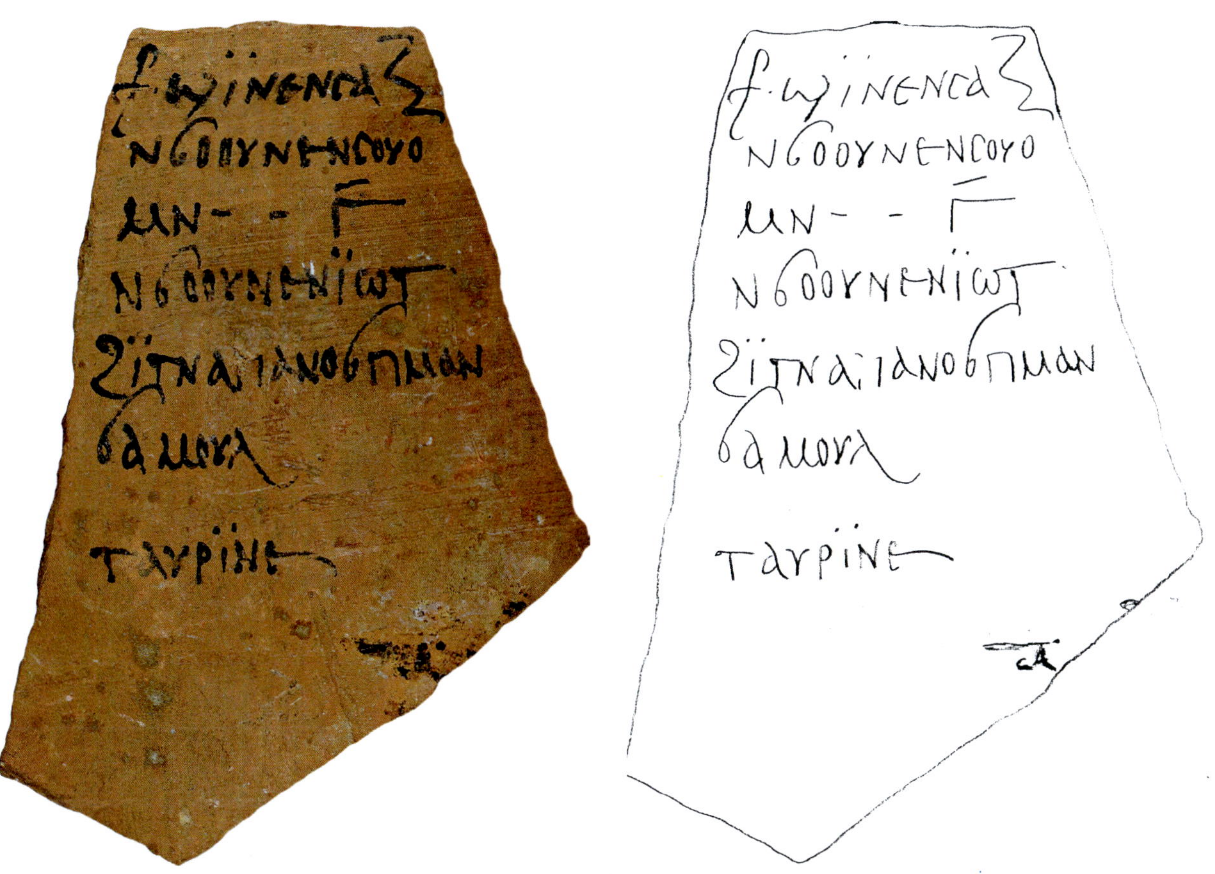

⳨ ϣⲓ̈ⲛⲉ ⲛⲥⲁ ⲍ̄	*+ Faire rentrer 7*
ⲛϭⲟⲟⲛⲉ ⲛⲥⲟⲩⲟ	*sacs de blé*
ⲙⲛ - - ⲅ̄	*et - - 3*
ⲛϭⲟⲟⲛⲉ ⲛⲓ̈ⲱⲧ	*sacs d'orge*
ϩⲓ̈ⲧⲛ ⲁⲡⲁⲛⲟϭ ⲡⲙⲁⲛ-	*par Apanok*
ϭⲁⲙⲟⲩⲗ	*le chamelier.*
ⲧⲁⲩⲣⲓ̈ⲛⲉ	*Tauriné*

Sous la dernière ligne, à droite, on distingue des traces d'encre, mais le texte reste illisible. Il ne s'agit probablement que d'une tache, car l'ostracon semble complet, d'après le schéma du groupe 1 (O. BawitFribourg 1-25).

L. 3. Les deux tirets au milieu de la ligne n'ont pas d'équivalent dans les ostraca de Baouît publiés jusqu'à présent. Ils pourraient avoir été utilisés pour éviter de répéter l'expression « ϣⲓⲛⲉ ⲛⲥⲁ », ou, plus probablement, pour mettre en évidence le chiffre « ⲅ̄ ».

L. 7. Voir O. BawitFribourg 7.

O. BawitFribourg 57 AeT_2005.73 13,5 × 8 cm

Sept lignes, complet.
Fragment de paroi d'amphore (probablement *LRA* 7).

⳨ ϣⲓⲛⲉ ⲛⲥⲁ ⲟⲓ(ⲛⲟⲩ)	+ *Faire rentrer* 40
ⲕⲛⲓⲇ(ⲓⲁ) ⲙ (ⲧⲉⲥ)ⲥⲁⲣⲁ-	knidia *de vin*
ⲕⲱⲛⲧⲁ ϩⲓⲧⲛ̄ ⲟⲩ-	*par Ouenober,*
ⲉⲛⲟⲃⲣ ⲛ̄ⲧⲉ ⲓ̈ⲱ-	*de l'équipe d'Iohannes le chamelier.*
ϩⲁⲛⲛⲏⲥ (ⲡⲙⲁⲛ)ϭⲁⲙ(ⲟⲩⲗ)	*Écrit le* 9ᵉ *(jour du mois) de Thot,* 11ᵉ *(année de l')*indiction.
ἐγρ(άφη) Θωθ θ ἰνδ(ικτίων) ϊα	13ᵉ *livraison.*
ϊγ φορ(ά)	

1 ⲟⲓ/ ; **2** ⲕⲛⲓⲇ/ ; **2-3** ⲥⲁⲣⲁⲕⲱⲛⲧⲁ ; **5** ϭⲁⲙ ; **6** ἐγρ/, ἰνδ/ ; **7** φορ/

L. 4. Dans cet ostracon est précisée, pour la première fois, l'appartenance du transporteur à une équipe.

O. BawitFribourg 58 AeT_2005.56 9 × 9 cm

Sept lignes, incomplet.
Fragment de paroi d'amphore *LRA 7*.
Écriture irrégulière et partiellement ligaturée.

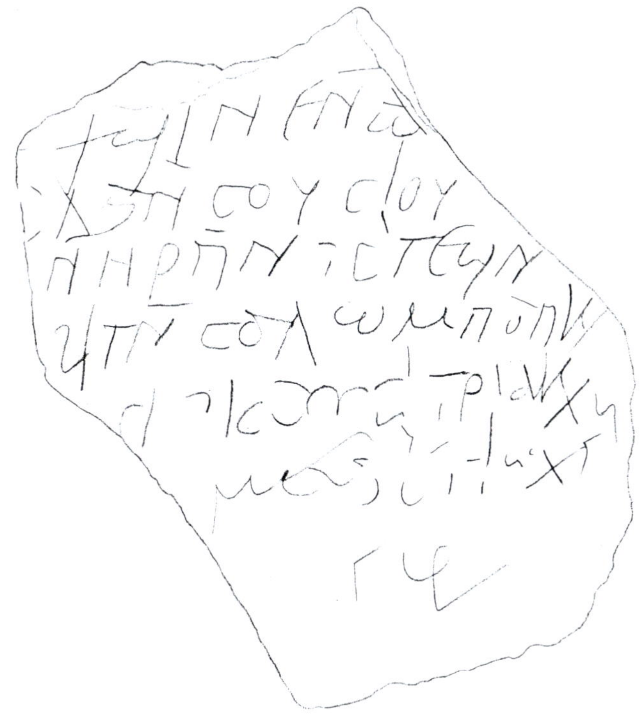

ⳁ ϣⲓⲛⲉ ⲛ̄ⲥⲁ	+ *Faire rentrer*
⸗ⲗ⸗ ⲛ̄ⲥⲟⲩⲥⲓⲟⲩ	30 souciou
ⲛⲏⲣⲡ̄ ⲛⲧⲉ ⲧⲉϣⲛⲏ	*de vin de Techné*
ϩⲓⲧⲛ̄ ⲥⲁⲗⲱⲙ ⲡⲁⲡⲕ(ⲁⲙⲏⲗⲱⲛ)	*par Salomon le chamelier,*
γί(νεται) οἴ(νου) σουσιου τριάκ(οντα)	*soit* 4 souciou *de vin*
Μεσ(ορή) (?) γ ἰνδ(ικτίων) η	*(… jour du mois) de Mésoré,* 3e *(année de l')indiction.*
γ φ(ορά)	2e *livraison.*

4 ⲡⲁⲡⲕ/ ; **5** γί/, οἴ/, τριακ/ ; **6** μεσ, ἰνδ/ ; **7** φ/

L. 6. Les ostraca concernant le transport de vin datent normalement du mois de Thot (11 septembre-10 octobre), c'est-à-dire de la période suivant les vendanges. Cet ostracon, comme O. BawitIFAO 28, date du mois précédent, Mésoré (A. Boud'hors, *Ostraca grecs et coptes*, p. 50).

O. BawitFribourg 59 AeT_2005.77 8,5 × 6 cm

Six lignes, complet.
Fragment d'amphore *LRA 7* avec badigeon et traits clairs déjà existants à l'époque de la rédaction.
Écriture rapide et imprécise.

⳨ ⲉⲛⲱⲭ ⲡⲣⲱ̅(ⲙⲉ)	*+ Enok, l'homme*
ⲡⲟⲩⲟⲛⲧⲉ	*de Pouonté,*
ⲟⲓ(ⲛⲟⲩ) ⲗⲁⲕⲟ-	*7 jarres de vin,*
ⲛ ⲍ	*29ᵉ (jour du mois) de Mésoré.*
Μεσορή	
κθ	

1 ⲡⲣⲱ̅/ ; **3** ⲟⲓ/

L. 1. ⲉⲛⲱⲭⲛ. Ce nom, assez fréquent dans les ostraca de Baouît, est presque toujours lié au vin. Il est connu comme anthroponyme-toponyme : un « domaine d'ⲉⲛⲱⲭ » dans le nome hermopolite, d'où provenaient des livraisons de vin, est attesté (J. Clédat [éd. par D. Bénazeth, M.-H. Rutschowscaya], *Le monastère et la nécropole de Baouit*, p. 261, 271 ; M. Drew-Bear, *Le nome hermopolite*, p. 99). En outre, on connaît un transporteur nommé « ⲉⲛⲱⲭ » (A. Boud'hors, *Ostraca grecs et coptes*, p. 54, 61) qui s'occupait de vin : il est très difficile de dire s'il s'agit de la même personne, mais cette coïncidence est intéressante.

L. 3-4. ⲗⲁⲕⲟⲛⲁ. Voir O. BawitFribourg 61.

GROUPE 5
O. BAWITFRIBOURG 60-63

Il s'agit d'un groupe d'ostraca très hétérogène par leur style et leur contenu. Il comprend deux typologies nouvelles et très intéressantes par rapport à celles vues jusqu'à présent : des comptes (O. BawitFribourg 60 et 61) et probablement des résumés de livraisons (O. BawitFribourg 62 et 63).

O. BawitFribourg 60 — AeT_2005.83 — 17 × 7 cm

Deux lignes, complet.
Fragment de base annulaire de céramique fine *Egyptian red slip A*.
Écriture non ligaturée qui suit la courbure du plat.

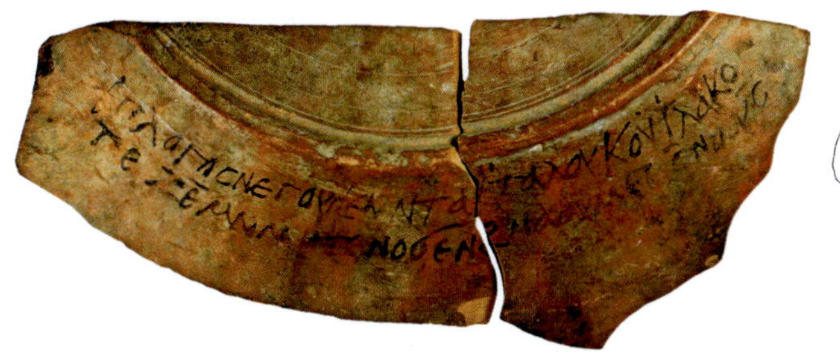

⳨ ⲡⲗⲟⲅⲟⲥ ⲛⲉⲅⲟⲩⲫⲉⲛ ⲛⲧⲁϊⲧⲁⲗⲟⲩ
ⲕⲟⲩϊ ⲗⲁⲕⲟ-
ⲧⲉ ⲝ̅ⲉ̅ ⲙⲛ ⲙⲏⲧⲉ ⲛⲟϭ ϩⲛⲁⲁⲩ
ⲙⲉⲧⲥⲛⲟⲟⲩⲥ

+ Le compte des jarres que j'ai chargées.
Petites lakote*:*
65 et 10. Grands récipients : 12

1 ⲅⲟⲩⲫⲉⲛ = κοῦφον

L. 1. ⲅⲟⲩⲫⲉⲛ. Il s'agit du nom d'un type de jarres, probablement la transcription en copte du mot grec « κοῦφον ». Selon Ph. Mayerson (« A Note on the κοῦφα 'Empties' », *BASP* 34, 1997, p. 47-52), il s'agirait d'abord de jarres vides, neuves, devenues ensuite des contenants à capacité indéterminée. Voir aussi O. EdfouIFAO 107 (S. Bacot, *Ostraca grecs et coptes des fouilles franco-polonaises sur le site de Tell Edfou*, *BEC* 19, 2009, p. 143-144).
ⲗⲁⲕⲟⲧⲉ : contenant très courant pour le transport du vin (S. Bacot, « Quelques textes relatifs aux mesures de vin d'Edfou au VIIe siècle », *Études coptes IX. Onzième journée d'études (Strasbourg, 12-14 juin 2003)*, *CBC* 14, 2006, p. 33-43).

O. BawitFribourg 61 AeT_2005.84 11 × 7,5 cm

Quatre lignes, incomplet.
Fragment de fond de céramique fine *Egyptian red slip A*.
Écriture rapide qui suit la courbure du plat.

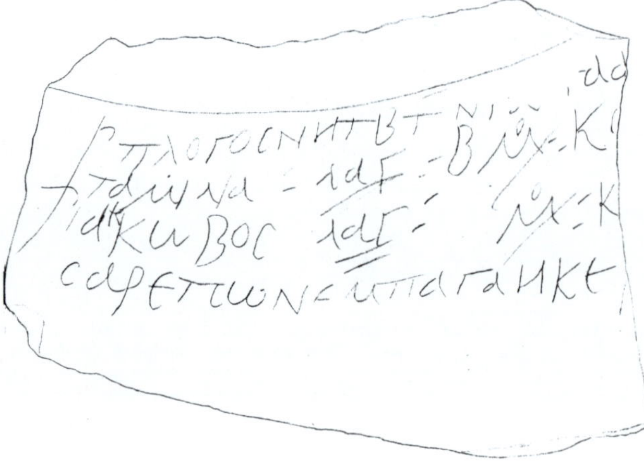

ⳁ ⲡⲗⲟⲅⲟⲥ ⲛⲛⲧⲃⲧ ⲛⲧⲁⲓⲧⲁⲁ	+ *Le compte des poissons que j'ai livrés.*
+ ⲧⲁⲙⲓⲗⲓⲁ ⸗ ⲗⲁⲅ(ⲟⲛ) ⸗ ⲃ ⲙ°/ ⸗ ⲕⲉ̣	+ *Tamilia:* lakon 2 *et* mounam 25.
ⲓⲁⲕⲕⲱⲃⲟⲥ ⲗⲁⲅ(ⲟⲛ) ⸗ ⲁ ⲙ°/ ⸗ ⲕ	*Iakobos:* lakon 1, mounam 20 (?).
ⲥⲁⲣⲉⲡⲱⲛⲉ ⲙⲡⲁⲧ ⲁ̣ⲏⲕⲉ ⲓ̣	*Sarapion de Patahekei (?)*

2 ⲗⲁⲅ/, ⲙ°/ = ⲙⲟⲩⲛⲁⲙ ?

L. 2. ⲗⲁⲅⲟⲛ ou ⲗⲁⲕⲟⲛ. Nom d'un type de récipients déjà attesté dans les ostraca de Baouît conservés à Vienne (M.R.M. Hasitzka, *Ein neues Archiv koptischer Ostraka, CPR* 20, 1995, 15,2 et P. Vindob. Inv. K 791) et au monastère de Bala'izah (E. Kahle, *Bala'izah. Coptic Texts from Deir el-Bala'izah in Upper Egypt*, 1954, 310, p. 15).

ⲙ/ : si nous le comprenons comme l'abréviation de ⲙⲟⲩⲛⲁⲙ, il s'agirait d'un autre récipient de capacité indéterminée. Ce mot est attesté dans les ostraca de Vienne, comme celui cité précédemment (M.R.M. Hasitzka, *op. cit.*, 15,3). Bien que nous n'en connaissions pas la forme ni la capacité précises, il pourrait s'agir de récipients utilisés spécialement pour le transport et comme unité de mesure pour le poisson. Il pourrait aussi s'agir de l'abréviation d'un mot grec.

L. 4. ⲥⲁⲣⲉⲡⲱⲛⲉ ⲙⲡⲁⲧ ⲁ̣ⲏⲕⲉ ⲓ. La lecture et la traduction sont difficiles. Il s'agit peut-être d'un anthroponyme et du toponyme relatif. Un village appelé πατελκίου, situé dans le sud du nome hermopolite, est attesté (M. Drew-Bear, *Le nome hermopolite*, p. 196) : serait-ce le même que celui de cet ostracon ?

O. BawitFribourg 62 AeT_2005.76 10 × 8 cm

Six lignes, incomplet.
Fragment de paroi d'amphore *LRA* 7.
Écriture aux lettres bien espacées.

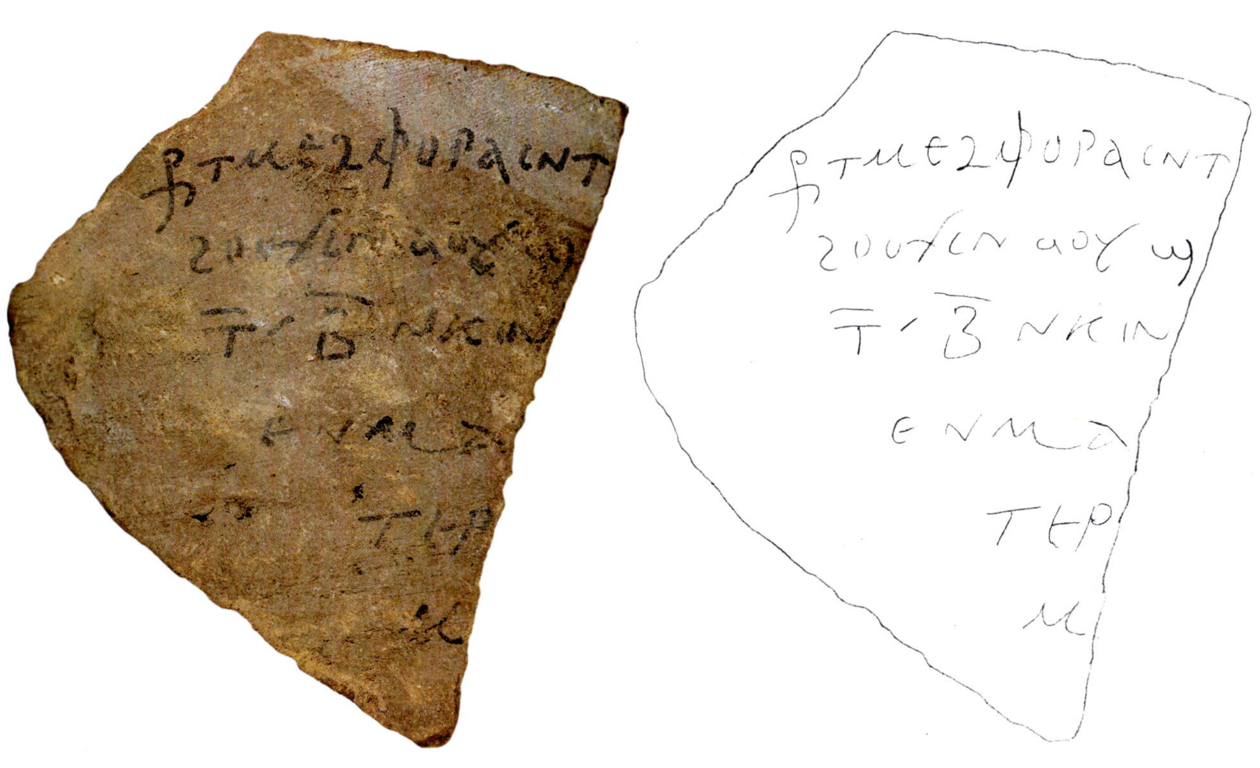

ⳁ ⲧⲙⲉϩ ⲫⲟⲣⲁ ⲥⲛⲧ[ⲉ]	+ 2^{e} *livraison*
ϩⲟⲟⲩ ⲥⲛⲁⲟⲩ ϣ[…]	2e *jour*
ⲧ̅/ⲃ̅ ⲛⲕⲓⲛ[…]	*[…]*
ⲉⲛⲙⲁ[…]	
ⲧⲉⲣ[…]	
ⲙ[…]	

3 ⲧ̅/ⲃ̅

L. 1. ⲧⲙⲉϩ'ⲥⲛⲧ[ⲉ]. Remarquer le choix inusuel du scribe de partager le numéro ordinal « ⲧⲙⲉϩⲥⲛⲧⲉ », « deuxième », en insérant au milieu le mot « ⲫⲟⲣⲁ ».

Il s'agit probablement d'une récapitulation de livraisons, dont des exemples sur papyrus ont déjà été publiés par A. Boud'hors (*Ostraca grecs et coptes*, p. 90) et J. Clédat ([éd. par D. Bénazeth, M.-H. Rutschowscaya], *Le monastère et la nécropole de Baouit*, p. 296).

O. BawitFribourg 63 AeT_2005.78 7 × 4,5 cm

Quatre lignes, incomplet, partie supérieure manquante.
Fragment de paroi d'amphore *LRA 7*.
Écriture grossière, surtout en raison du support irrégulier.

ⲥⲟⲩ ⲕⲍ ⲁ ⲙⲫⲟⲣ
ϭⲁⲙ(ⲟⲩⲗ) ⲇ̱ ⲥⲟⲩⲥⲓ^{ⲟⲩ}
ⲓ̅ⲉ̅ ⲕⲁⲙ/(ⲏⲗⲓⲧⲏⲥ) ⲁⲡⲟ-
ⲗⲗⲱ

27e jour, 1re livraison :
4 chameaux, 15 souciou
par le chamelier
Apollon.

2 ϭⲁⲙ/ ; **3** ⲕⲁⲙ/

L. 2. ^{ⲟⲩ}. La diphtongue finale de « ⲥⲟⲩⲥⲓⲟⲩ » est écrite au-dessus de la ligne.

GROUPE 6
O. BAWITFRIBOURG 64-68

Les ostraca du groupe 6 sont ceux dont il ne reste que des fragments trop petits pour tenter de combler les lacunes et les insérer dans l'un des cinq premiers groupes. Néanmoins, sur la base du texte conservé et du type de support, ils semblent pouvoir être rapprochés de ceux du groupe 1.

O. BawitFribourg 64 — AeT_2005.27 — 6 × 3 cm

Deux lignes, incomplet.
Fragment de paroi de céramique fine *Egyptian red slip A*.
Écriture claire, précise et bien espacée.

⳩ ϣⲓ̈ⲛⲉ ⲛⲥⲁ [...]	*Faire rentrer [...]*
[ⲛ]ϭ[ⲟⲟⲩⲛⲉ]	*sacs [...]*

O. BawitFribourg 65 AeT_2005.29 4 × 3 cm

Deux lignes, incomplet.
Fragment de bord de céramique fine *Egyptian red slip A*.
Écriture bien lisible et espacée.

⳨ ϣⲓ̈ⲛ[ⲉ ⲛⲥⲁ...]	*Faire rentrer [...]*
ⲛϭⲟⲟ[ⲩⲛⲉ]	*sacs [...]*

O. BawitFribourg 66 AeT_2005.37 10 × 6 cm

Une ligne, incomplet.
Fragment de fond de céramique fine *Egyptian red slip A*, avec décor de guillochis sur la surface intérieure.

[... ⲡⲙⲁⲛ-] ϭⲁⲙⲟⲩⲗ	*[...] le chamelier [...]*

O. BawitFribourg 67 AeT_2005.81 5,5 × 4 cm

Deux lignes, incomplet.
Fragment de paroi d'amphore *LRA 7*. Le tesson est brisé dans l'épaisseur, la plus grande partie du texte est désormais perdue.

⳨ ϣï[ⲛⲉ ⲛⲥⲁ...]	*+ Faire rentrer [...]*
ⲛϭ[ⲟⲟⲩⲛⲉ]	*sacs [...]*

O. BawitFribourg 68 AeT_2005.82 2 × 2,5 cm

Deux lignes, incomplet.
Fragment de paroi d'amphore.

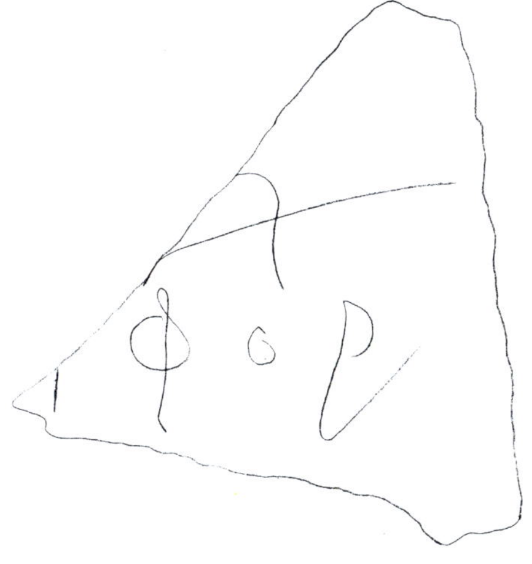

[… ἰνδ(ικτίωνος)]	*[… indiction]*
[…] φορ(ά)	*[…] livraison*

1 ἰνδ/; **2** φορ/

Bibliographie

ADAMS C., *Land Transport in Roman Egypt. A Study of Economics and Administration in a Roman Province*, Oxford, 2007.

BACOT S., « Quelques textes relatifs aux mesures de vin d'Edfou au VIIe siècle » dans A. Boud'hors, J. Gascou, D. Vaillancourt (éd.), Études coptes *IX. Onzième journée d'études (Strasbourg, 12-14 juin 2003)*, *CBC* 14, 2006, p. 33-43.

BACOT S., *Ostraca grecs et coptes des fouilles franco-polonaises sur le site de Tell Edfou*, *BEC* 19, 2009.

BÉNAZETH D., *Baouit : une église copte au Louvre*, Paris, 2002.

BLUMELL L.H., « Two Coptic Ostraca in the Brigham Young University Collection », *ChronEg* LXXXVIII/175, 2013, p. 182-187.

BOUD'HORS A., *Ostraca grecs et coptes des fouilles de Jean Maspero à Baouit. O. Bawit IFAO 1-67 et O. Nancy*, *BEC* 17, 2004.

CLACKSON S.J., « Something fishy in *CPR XX* », *APF* 45/1, 1999, p. 94-95.

CLACKSON S.J., *Coptic and Greek Texts relating to the Hermopolite Monastery of Apa Apollo*, Oxford, 2000.

CLACKSON S.J., « Reconstructing the Archives of the Monastery of Apollo at Bawit » dans I. Andorlini, G. Bastianini, M. Manfredi, G. Menci (éd.), *Atti del XXII Congresso Internazionale di Papirologia, Firenze 23-29 agosto 1998*, vol. I, Florence, 2001, p. 219-236.

CLACKSON S.J., *It is Our Father Who Writes : Orders from the Monastery of Apollo at Bawit*, *ASP* 43, 2008.

CLÉDAT J., *Le monastère et la nécropole de Baouît*, vol. I, *MIFAO* 12, 1904.

CLÉDAT J., *Le monastère et la nécropole de Baouît*, vol. II, *MIFAO* 39, 1916.

CLÉDAT J. (édité par D. Bénazeth, M.-H. Rutschowscaya), *Le monastère et la nécropole de Baouît*, *MIFAO* 111, 1999.

COQUIN R.-G., « Évolution du monachisme égyptien », *Le monde copte* 21-22, 1993, p. 15-23.

CRUM W., « Der hl. Apollo und das Kloster von Bawît », *ZÄS* 40, 1902, p. 60-62.

CRUM W. *et al.*, *Wadi Sarga : Coptic and Greek Texts from the Excavations Undertaken by the Byzantine Research Account*, Oslo, 1922.

CRUM W., *A Coptic Dictionary*, Oxford, 1939.

DELATTRE A., « Une liste de propriétés foncières du monastère d'Apa Apollô de Baouît », *ZPE* 151, 2005, p. 163-165.

DELATTRE A., *Papyrus coptes et grecs du monastère d'apa Apollô de Baouît conservés aux Musées royaux d'Art et d'Histoire de Bruxelles*, Bruxelles, 2007.

DELATTRE A., « L'administration de Baouît au VIIIe siècle. À propos des documents peneiôt petshai », *ChronEg* LXXXV/169-170, 2010, p. 391-395.

DELATTRE A., « Trois papyrus du monastère de Baouît », *BIFAO* 112, 2012, p. 101-110.

DELATTRE A., « Deux ordres du supérieur du monastère de Baouît. P.Duk. inv. 259 et 1053 », *BASP* 49, 2012, p. 167-174.

DELATTRE A., « Nouveaux papyrus du monastère de Baouît » dans A. Boud'hors, C. Louis (éd.), Études coptes XII. *Quatorzième journée d'études (Rome, 11-13 juin 2009), CBC* 18, 2013, p. 61-75.

DELATTRE A., FOURNET J.-L., « Les ostraca grecs et coptes d'Edfou. À propos d'une publication récente », *APF* 57/1, 2011, p. 79-98.

DIXNEUF D., *Amphores égyptiennes. Production, typologie, contenu et diffusion (IIIe siècle avant J.-C. – IXe siècle après J.-C.), EtudAlex* 22, 2011.

DORESSE J., *Les anciens monastères coptes de Moyenne-*Égypte (du *Gebelet-et-Teir à Kôm-Ishgaou) d'après l'archéologie et l'hagiographie, Neges Ebrix* 3-5, 2000.

DREW-BEAR M., *Le nome hermopolite : toponymes et sites, ASP* 21, 1979.

GARDINER A.H., *Egyptian Grammar being an Introduction to the Study of Hieroglyphs*, Oxford, 1982 (3e éd. rév.).

GEMPELER R. D., *Elephantine X. Die Keramik römischer bis frührarabischer Zeit, ArchVer* 43, 1992.

HASITZKA M.R.M., *Ein neues Archiv koptischer Ostraka, CPR* 20, 1995.

HASITZKA M.R.M., *Koptische dokumentarische und literarische Texte : "First international Summer School in Coptic Papyrology 2006" in der Papyrussammlung der österreichischen Nationalbibliothek, CPR* 31, 2011.

HAYES J.W., *Late Roman Pottery. A Catalogue of Roman Fine Wares*, Londres, 1972.

KAHLE E., *Bala'izah. Coptic Texts from Deir el-Bala'izah in Upper Egypt*, 2 vol., Londres, 1954.

KRUIT N., WORP Kl., « Geographical Jar Names : Towards a Multi-Disciplinary Approach », *APF* 46/1, 2000, p. 65-146.

MAYERSON Ph., « A Note on κοῦφα 'Empties' », *BASP* 34, 1997, p. 47-52.

RUTSCHOWSCAYA M.-H., « Reprise des fouilles françaises à Baouit : Louvre/Ifao 2002-2003 » dans N. Bosson, A. Boud'hors (éd.), *Actes du Huitième Congrès International d'études coptes* : Paris, 28 *juin-3 juillet 2004*, vol. I, *OLA* 163/1, 2007, p. 311-322.

STEFANSKI E., LICHTHEIM M., *Coptic Ostraca from Medinet Habu, OIP* 71, 1952.

TAIT W.J., « A Coptic 'Enquiry' About a Delivery of Wheat » dans C.J. Eyre, M.A. Leahy, L. Montagno-Leahy (éd.), *The Unbroken Reed. Studies in the Culture and Heritage of Ancient Egypt in Honour of A.F. Shore*, Londres, 1994, p. 337-342.

TIMM S., BRUNE K.-H., *Das christlich-koptische Ägypten in arabischer Zeit : eine Sammlung christlicher Stätten in Ägypten in arabischer Zeit, unter Ausschluss von Alexandria, Kairo, des Apa-Mena-Klosters (Dēr Abū Mina), des Skētis (Wādi n-Naṭrūn) und der Sinai-Region*, 7 vol., *TAVO* 41, 1994.

TORP H., « Murs d'enceinte des monastères coptes primitifs et couvents forteresses », *MEFRA* 76, 1964, p. 173-200.

TORP H., « La date de la fondation du monastère de l'Apa Apollo de Baouît et de son abandon », *MEFRA* 77, 1965, p. 153-177.

WESTENDORF W., *Koptisches Handwörterbuch*, 9 vol., Heidelberg, 1965-1977.

WIPSZYCKA E., *Moines et communautés monastiques en Égypte (IVe-VIIIe siècles), JJP-Suppl.* 11, 2009.

Index

Les index reprennent tous les mots présents dans les textes, à l'exception des chiffres/nombres, des articles, des mots-outils et de l'expression « ϣϊⲛⲉ ⲛⲥⲁ ».

1. Abréviations
2. Datations
3. Anthroponymes
4. Toponymes
5. Titres, occupations et professions
6. Poids et mesures
7. Index général des mots grecs et coptes

1. Abréviations

2. Datations

Indictions

Mois

3. Anthroponymes

4. Toponymes

5. Titres, occupations et professions

6. Poids et mesures

7. Index général des mots grecs et coptes

ANNEXES

Annexe 1. Tableau récapitulatif par nom du transporteur

N° ostracon	Nom du transporteur	Domaine d'origine des produits	Lieu d'origine ou profession du transporteur	Type de produit	Quantité	Date
20	ⲁ̣ⲃ̣ⲣ̣ϩ̣ⲁ̣[ⲙ̣]	ⲡⲓ[ⲟⲙ]	–	[ⲛⲥⲟ]ⲩⲟ	[...]ⲛ̀ϭⲟⲟⲩⲛⲉ	–
1	ⲁⲡⲁⲛⲟϭ	ⲓⲉⲣⲁⲝ	ⲡⲁⲡⲧⲉϣⲛⲏ	ⲥⲟⲩⲟ	ⲓ̅ⲁ̅ ⲛϭⲟⲟⲩⲛⲉ	–
2	ⲁⲡⲁⲛⲟϭ	ϊⲉⲣⲁⲝ	ⲡⲙⲁⲛϭⲁⲙⲟⲩⲗ	ⲥⲟⲩⲟ	ⲕ ⲛϭⲟⲟⲩⲛⲉ	–
18	ⲁⲡⲁⲛⲟϭ	–	ⲡⲙⲁⲛϭⲁⲙⲟⲩⲗ	ⲥⲟⲩⲟ	ⲕ̅ⲁ̅ ⲛϭⲟⲟⲩⲛⲉ	–
23	ⲁⲡⲁⲛ[ⲟϭ]	–	–	ⲥⲟⲩⲟ	ⲕ̅ⲁ̅ ⲛϭⲟⲟⲩⲛⲉ	–
26	ⲁⲡⲁⲛⲟϭ	ϥⲟϊ ⲛⲁⲁⲡⲁ ϩⲁⲣⲟⲟⲩ	ⲡⲙⲁⲛϭⲁⲙⲟⲩⲗ ⲛⲧⲉϣⲛⲏ ⲙⲡⲉⲛⲉⲓⲱⲧ	ⲥⲟⲩ̅ⲟ	=ⲁ= ⲛϭⲟⲟⲩⲛⲉ	ι[α (?) ἰνδ(ικτίωνος)] Φ(αῶφι) β
56	ⲁⲡⲁⲛⲟϭ	ⲧⲁⲩⲣϊⲛⲉ	ⲡⲙⲁⲛϭⲁⲙⲟⲩⲗ	ⲥⲟⲩⲟ ϊⲱⲧ	ⲍ̅ ⲛϭⲟⲟⲩⲛⲉ ⲛⲥⲟⲩⲟ ⲅ̅ ⲛϭⲟⲟⲩⲛⲉ ⲛϊⲱⲧ	–
53	ⲁⲡⲁⲛⲟϭ	ⲡϣⲉⲙⲁⲙⲏⲓ	ⲡⲙⲁⲛϭⲁⲙⲟⲩⲗ	ⲛϭⲣⲟϭ	ⲓ̅ⲏ̅ ⲛϭⲟⲟⲩⲛⲉ	-
36	ⲁⲡⲁⲛⲟϭ	–	ⲡⲙⲁⲛϭ[ⲁⲙⲟⲩⲗ]	ⲥⲟⲩⲟ	ⲕ̣̅ⲅ̣̅ ⲛϭⲟⲟⲩⲛⲉ	ιγ ἰνδ(ικτίωνος) Φαῶφι ϊ
14	ⲁⲡⲁⲛ[ⲟϭ]	ⲧ̣ [...]	ⲡⲙⲁⲛϭ[ⲁⲙⲟⲩⲗ]	–	[...] ⲛϭⲟⲟⲩⲛ[ⲉ]	–
63	ⲁⲡⲟⲗⲗⲱ	–	ⲕⲁⲙ(ⲏⲗⲓⲧⲏⲥ)	–	ϭⲁⲙ(ⲟⲩⲗ) ⲁ ⲥⲟⲩⲥⲓ^ⲟⲩ ⲓ̅ⲉ̅	ⲥⲟⲩ ⲕⲍ ⲁ ⲙϥⲟⲣ
15	ⲃϊⲕⲧⲱⲣ	[ⲧⲁ]ⲩ̣ⲣ̣ϊⲛ̣[ⲉ]	[ⲡ]ⲁⲡⲕⲁⲙⲏⲗⲱⲛ	ⲥⲟⲩⲟ	ⲕ̅ⲃ̅ ⲛϭⲟⲟⲩⲛⲉ	–
51	ⲃϊⲕⲧⲱⲣ	ⲓⲥⲁⲕ	ⲡⲁⲡⲕⲁⲙⲏⲗⲱⲛ	ϭⲣⲟϭ	ⲕ̅ⲃ̅ ⲛϭⲟⲟⲩⲛⲉ	–
59	ⲉⲛⲱⲭ	–	ⲡⲣⲱ̅(ⲙⲉ) ⲡⲟⲩⲟⲛⲧⲉ	ⲟⲓ(ⲛⲟⲩ)	ⲗⲁⲕⲟⲛ ⲍ	Μεσορή κθ
19	ⲍⲁⲭⲁⲣϊⲁⲥ	–	[ⲡⲁⲡⲕ]ⲁⲙⲏⲗⲱⲛ	ⲥⲟⲩⲟ	ⲕ̅ⲃ̅ [ⲛ]ϭ̣ⲟ̣ⲟⲩⲛⲉ	–
52	ⲍⲁⲭⲁⲣϊⲁⲥ	ⲡϣⲉⲙⲁⲙⲏϊ	ⲡⲁⲡⲕⲁⲙⲏⲗⲱⲛ	ϭⲣⲟϭ	ⲕⲃ ⲛϭⲟⲟⲩⲛⲉ	–
34	ⲍⲁⲭⲁⲣϊⲁⲥ	ⲡϊⲟⲙ	ⲡⲁⲡⲕⲁⲙⲏⲗⲱⲛ	ⲥⲟⲩⲟ	ⲕⲏ ⲛϭⲟⲟⲛⲉ	ιγ ἰνδ(ικτίωνος) Φαῶφι ϊ

N° ostracon	Nom du transporteur	Domaine d'origine des produits	Lieu d'origine ou profession du transporteur	Type de produit	Quantité	Date
29	ⲓ̈ⲁⲕⲱⲃ	ⲡϫⲓ̈ⲟⲩϣⲏⲙ	ⲡⲙⲁⲛϭⲁⲙⲟⲩⲗ ⲛⲡⲕⲩⲙⲓ̈ⲧⲏⲣⲛ	ⲥⲟⲩⲟ	ⲓ̅ⲃ̅ ⲛϭⲟⲟⲩⲛⲉ	ιγ ἰνδ(ικτίωνος) Θώθ κ
30	ⲓ̈ⲱϩⲁⲛⲛⲏⲥ	ⲡϫⲓ̈ⲟⲩϣⲏⲙ	ⲡⲙⲁⲛϭⲁⲙⲟⲩⲗ ⲛⲡⲕⲁⲙⲏⲗⲱⲛ	ⲥⲟⲩⲟ	ⲕ̅ⲁ̅ ⲛϭⲟⲟⲛⲉ	ιγ ἰνδ(ικτίωνος) Θώθ κζ
21	ⲓ̈ⲱⲥⲏⲫ	ⲡⲓ̈ⲛⲟⲩ ⲃⲉ	ⲡⲙⲁⲛϭⲁⲙⲟⲩⲗ	ⲥⲟⲩⲟ	ⲑ ⲛϭⲟⲟⲩⲛⲉ	⳨ ⲃ
44	ⲕⲉⲛⲧⲏⲛⲁⲣ(ⲛ̅)	ⲫⲁⲛϫⲟⲓ̈	–	ⲥⲟⲩⲟ	:ⲕ: ⲛ̅ϭⲟⲟⲩⲛⲉ	[ἰνδ(ικτίων) ζ (?)] Ἀθύρ ε
11	ⲡⲡⲁⲡⲁ ⲓⲱⲥⲏⲫ	ϣⲉⲧⲛⲟⲩⲃⲉ	ⲡⲁⲡⲕⲁⲙⲏⲗⲱⲛ	ⲥⲟⲩⲟ	ⲓ̅ⲏ̅ ⲛϭⲟⲟⲩⲛⲉ	–
12	ⲡⲡⲁⲡⲁ ⲓ̈ⲱⲥⲏⲫ	ϣⲉⲧⲛⲟⲩⲃⲉ	ⲡⲁⲡⲕⲁⲙⲏⲗⲱⲛ	ⲥⲟⲩⲟ	ⲓ̅ⲏ̅ ⲛϭⲟⲟⲩⲛⲉ	–
35	ⲕⲩ̣ⲣ̣ⲁⲕⲟⲥ	ⲡⲓ̈ⲟⲙ	ⲡⲁⲡⲕⲁⲙⲏⲗⲱⲛ	ⲥⲟⲩⲟ	ⲕ̅ⲏ̅ ⲛϭⲟⲟⲛⲉ	ιγ ἰνδ(ικτίωνος) Φαῶφι ῐ
42	ⲙⲁⲕⲁⲣⲉ	ⲡⲓⲟⲙ	–	ⲥⲟⲩⲟ	ⲕ.ⲁ. ⲛ̀ϭⲟⲟⲩⲛⲉ	ἰνδ(ικτίων) ζ Ἀθύρ η θ φορ(ά)
6	ⲙⲁⲑⲓⲁⲥ	ⲡⲓ̣̈ [ⲟⲙ]	ⲡⲁ[ⲡ]ⲕⲁⲙⲏⲗⲱⲛ	ⲥⲟⲩⲟ	ⲕ̅ⲃ̅ [ⲛ]ϭⲟⲟⲩⲛⲉ	–
8	ⲙⲁⲑⲓⲁⲥ	ⲕⲁⲧⲁⲩ[...]	ⲡⲙⲁⲛϭⲁⲙⲟⲩⲗ	ⲥⲟⲩⲟ	ⲕ ⲛϭⲟⲟⲩⲛⲉ	–
4	ⲙⲁⲑⲓⲁⲥ	ⲓⲉⲣⲁⲝ	ⲡⲁⲡⲕⲁⲙⲏⲗⲱⲛ	ⲥⲟⲩⲟ	ⲕ̅ⲃ̅ ⲛϭⲟⲟⲩⲛⲉ	–
10	ⲙⲁⲑⲓⲁⲥ	ϣⲧⲟϣ	ⲡⲁⲡⲕⲁⲙⲏⲗⲱⲛ	ⲥⲟⲩⲟ	ⲕ̅ⲃ̅ ⲛϭⲟⲟⲩⲛⲉ	–
57	ⲟⲩⲉⲛⲟⲃⲣ	–	ⲛ̅ⲧⲉ ⲓ̈ⲱϩⲁⲛⲛⲏⲥ (ⲡⲙⲁⲛ) ϭⲁⲙ(ⲟⲩⲗ)	ⲟⲓ(ⲛⲟⲩ)	ⲕⲛⲓ.ⲁ.(ⲓⲁ) ⲙ (ⲧⲉⲥ) ⲥⲁⲣⲁⲕⲱⲛⲧⲁ	ἰνδ(ικτίων) ϊα Θωθ θ ϊγ φορ(ά)
50	ⲡⲁⲃⲁⲕⲱ	ⲡⲡⲁⲡⲁ ⲁⲡⲟⲗⲗⲱ ⲡⲣⲱⲙⲉ ⲡⲁ⳨ ⲉ̣ⲗ ⲟ̣ⲛ ⲑⲉⲛⲉⲙ[ⲧⲉ] ⲛ̣ ⲥⲧⲉⲫ(ⲁⲛⲟⲥ) ⲧⲟⲅ̅(?)	ⲡⲁⲡⲕⲁⲙⲏⲗⲱⲛ	ⲥⲟⲩⲟ ⲥⲏⲛⲧⲉ	ⲓⲏ ⲛϭⲟⲟⲩⲛⲉ ⲙⲛ̅ ϭⲟⲟⲩⲛⲉ	–
49	ⲡ'ⲓ̈ⲟ'ⲙ	ⲛ̅[ⲧⲉ] ⲫ ⲟⲓ̣̈ ⲛ̣ ϩ̣ ⲟ̣ ⲣ̣ ⲟ̣ ⲟ̣ ⲩ̣	–	ⲥⲟⲩⲟ	ϣⲉⲙⲛ̅[ϥⲧⲟⲟⲩ] ⲛϭⲟⲟⲩⲛⲉ	ἰνδ(ικτίων) ϛ Μεσ(ορή) ζ

N° ostracon	Nom du transporteur	Domaine d'origine des produits	Lieu d'origine ou profession du transporteur	Type de produit	Quantité	Date
7	ⲫⲓ̈ⲃ	ⲧⲁⲩⲣⲓ̈ⲛⲉ	ⲡⲙⲁⲛϭⲁⲙⲟⲩⲗ	–	–	–
9	ⲫⲓ̈ⲃ	ⲡⲉⲓⲛⲱ̅ⲛ̅	ⲡⲁⲡⲙⲁⲛⲉⲕⲁⲥⲉ	ⲥⲟⲩⲟ	ⲕ̅ⲇ̅ ⲛϭⲟⲟⲩⲛⲉ	–
3	ⲫⲓ̈ⲃ	ⲓⲉⲣⲁⲝ	ⲡⲁⲡⲙⲁⲛⲉⲕⲁⲥⲉ	ⲥⲟⲩⲟ	ⲕ ⲛϭⲟⲟⲩⲛⲉ	–
13	ⲫⲓ̈ⲃ	ϣⲉⲧⲛⲟⲩ[ⲃ]ⲉ	ⲡⲁⲡⲙⲁⲛⲉⲕⲁⲥⲉ	ⲥⲟⲩⲟ	ⲕ ⲛϭⲟⲟⲩⲛⲉ	–
38	ⲫⲓ̈ⲃ	ⲕ̣ⲟ̣ⲩ̣ⲣ̣ⲟⲟⲩ	ⲡⲙⲁⲛⲛⲕⲁⲥⲉ	ⲥⲟⲩⲟ ⲛϭⲣⲟϭ	ⲓⲃ= ⲛϭⲟⲟⲩⲛⲉ	ιγ ἰνδικ(τίωνος) Θωθ η β φ(ορά)
31	ⲫⲓ̈ⲃ	ⲡϫ̣ⲓ̈ⲟⲩϣⲏⲙ	ⲡⲙⲁⲛϭⲁⲙⲟⲩⲗ ⲛⲉⲕⲁⲥⲉ	ⲥⲟⲩⲟ	ⲓ̅ⲃ̅ ⲛϭⲟⲟⲛ[ⲉ]	ιγ ἰνδ(ικτίωνος) Θώθ κζ
32	ⲫⲓ̈ⲃ	ⲡⲓ̈ⲟⲙ	ⲡⲙⲁⲛϭⲁⲙⲟⲩⲗ	ⲥⲟⲩⲟ	ⲏ̅ ⲛϭⲟⲟⲛⲉ	ιγ ἰνδ(ικτίωνος) Φαῶφι ια
55	ⲫⲟⲓⲃⲁⲙⲙⲱⲛ	ⲕⲟⲩ[ⲣⲟⲟⲩ]	[ⲡⲙⲁⲛϭⲁⲙⲟ]ⲩⲗ ⲛⲛⲉⲧϣⲱⲛⲉ	ⲛ̇ϣⲟⲩϭⲣⲟϭ	ⲗ̣ ⲛ̀ϭⲟⲟⲩⲛⲉ	[ιγ ἰν]δικ(τίωνος)] [Θωθ η]
37	ⲫⲟⲓⲃⲁⲙⲙⲱⲛ	–	[ⲡⲁ]ⲡ ⲕ̣ⲁⲙⲏⲗ(ⲓⲧⲏⲥ)	ⲥⲟⲩⲟ	ⲕⲏ̅ ⲛϭⲟⲟⲛⲉ	ιγ ἰνδ(ικτίωνος) Φαῶφι ῑᾱ
33	ⲫⲟⲓⲃⲁⲙⲙⲱⲛ	ⲡⲓ̈ⲟⲙ	ⲡⲁⲡⲕⲁⲙⲏⲗⲱⲛ	ⲥⲟⲩⲟ	ⲕⲏ̅ ⲛϭⲟⲟⲛⲉ	ιγ ἰνδ(ικτίωνος) Φαῶφι ῑα
43	ⲫ̣ⲟ̣ⲣⲏⲥ	ⲉⲛⲱϫ	ⲡⲁⲡⲕⲁⲙ(ⲏ)ⲗ(ⲱⲛ)	ⲥⲟⲩⲟ	:ⲕ̅ⲇ̅: ⲛ̅ϭⲟⲟⲩⲛⲉ	ἰνδ(ικτίων) ζ Ἀθύρ ε ε φορ(ά)
40	ⲥⲁ̀ⲕⲟⲩⲣⲁ	ⲡⲓⲟⲙ	–	ⲥⲟⲩⲟ	ⲓ̈ⲃ ⲛ̀ϭⲟⲟⲩⲛⲉ	ἰνδ(ικτίων) ζ Ἀθύρ α ιβ φορ(ά)
41	ⲥⲁⲕⲟⲩⲣⲁ	ⲡⲓⲟⲙ	–	ⲥⲟⲩⲟ	ⲓⲃ ⲛ̀ϭⲟⲟⲩⲛⲉ	ἰν[δ](ικτίων) ζ Ἀθύρ α
58	ⲥⲁⲗⲱⲙ	ⲧⲉϣⲛⲏ	ⲡⲁⲡⲕ(ⲁⲙⲏⲗⲱⲛ)	ⲛⲏⲣⲡ̅	=ⲗ= ⲛ̅ⲥⲟⲩⲥⲓⲟⲩ	ἰνδ(ικτίων) η Μεσ(ορή) ? γ γ φ(ορά)
22	ⲥⲉⲣⲛⲉ	–	ⲡⲙⲁⲛ[ϭⲁⲙⲟⲩⲗ]	ⲥⲟⲩⲟ	ⲕ̅ⲇ̅ ⲛϭⲟⲟⲩⲛⲉ	–

N° ostracon	Nom du transporteur	Domaine d'origine des produits	Lieu d'origine ou profession du transporteur	Type de produit	Quantité	Date
25	ⲥⲉⲣⲛⲉ	–	ⲡⲙⲁⲛϭⲁⲙⲟⲩⲗ	–	–	–
5	ϩⲁⲗⲟ	ⲧⲉⲗⲉⲙⲉ	ⲡⲁⲡⲕⲁⲙⲏⲗⲱⲛ	ⲥⲟⲩⲟ	ⲕ̅ⲃ̅ ⲛϭⲟⲟⲩⲛⲉ	–
17	ϩⲁⲗⲟ	–	ⲡⲁⲡⲕⲁⲙⲏⲗⲱⲛ	ⲥⲟ̣ [ⲩⲟ]	[...] ⲛϭⲟⲟⲩⲛⲉ	–
45	ϩⲏⲗ̄ⲓ̈ⲁⲥ	ⲫⲁⲛϫⲟⲓ̈	ⲡⲁⲡⲕⲁⲙⲏⲗⲱⲛ	ⲥⲟⲩⲟ	ⲕⲃ ⲛϭⲟⲟⲩⲛⲉ	ἰνδ(ικτίων) ζ Ἁθύρ δ ια φορ(ά)
46	ϩⲏⲗⲓ̈ⲁⲥ	ⲫⲁⲛϫⲟⲓ̈	ⲡⲁⲡⲕⲁⲙⲏⲗⲱⲛ	ⲥⲟⲩⲟ	:ⲕ: ⲛϭⲟⲟⲩⲛⲉ	ἰνδ(ικτίων) ζ Ἁθύρ δ ζ φορ(ά)
47	–	[...]ⲟⲗ	ⲡⲁⲛⲉⲧϣⲱⲛⲉ	ⲥ(ⲟⲩⲟ)	[...] ⲛϭⲟⲟⲩⲛⲉ	ἰνδ(ικτίων) Ἁθύρ ε α φορ(ά)
24	–	–	–	ⲥⲟⲩⲟ	ⲕⲇ̣ ⲛϭⲟⲟⲩ[ⲛⲉ]	–
54	–	ⲕⲟⲩⲣⲟⲟⲩ	ⲡⲕⲁⲙⲏⲗⲱⲛ	ⲥⲟⲩⲟ ⲛ̀ϭⲣⲟϭ	ⲕⲇ̣ ⲛϭⲟⲟⲩⲛⲉ	ιγ ἰνδ(ικτίωνος) Θωθ η
27	–	–	ⲡ̅ϭⲁⲙⲟⲩⲗ ⲙ ⲡⲕⲟⲓⲙⲏⲧⲏⲣⲡ̅ ⲙⲛ̅ ⲛⲁ⳿ⲁⲣⲟⲉⲓⲕ	ⲥⲟⲩⲟ	ⲓ̈ⲁ ⲛ̅ϭⲟⲟⲩⲛⲉ	ια ἰνδ(ικτίωνος) Τυβί ιγ
39	–	ⲡϫⲓⲛⲓⲗ[ⲁ...]	ⲡⲣⲱⲙⲙⲓϫⲟⲗ	ⲥⲟⲩⲟ	ⲃ (ⲛϭⲟⲟⲩⲛⲉ)	ἰνδ(ικτίων) ζ + Φα[ῶ]φ(ι) β ζ φορ(ά)
48	–	ⲡⲧⲟϣⲧⲉⲛⲟⲩⲁϩ	ⲡⲙⲁⲛϭⲁⲙⲟⲩⲗ ⲛⲧⲉϣⲛⲉ	ⲥⲟⲩⲟ	ⲕ ⲛ̀ϭⲟⲟⲩⲛⲉ	ἰνδ(ικτίων) ζ + Φαῶφ(ι) λ̣ ζ φορ(ά)
28	–	[ⲕⲟⲩ]ⲣⲟⲟⲩ	ⲡⲙⲁⲛϭⲁⲙⲟ[ⲩⲗ...]	ⲥⲟⲩⲟ	–	ιγ ἰν[δ(ικτίωνος)] Θώθ η
16	–	ϣⲓ̣ [...]	[ⲡⲙⲁⲛ]ϭⲁⲙⲟⲩⲗ	ⲥⲟⲩⲟ	ⲓ[?] [ⲛϭⲟⲟⲩⲛⲉ]	-

Annexe 2. Tableau récapitulatif par domaine d'origine des produits

Nº ostracon	Domaine d'origine des produits	Date	Nom du transporteur	Lieu d'origine ou profession du transporteur	Type de produit	Quantité
43	ⲉⲛⲱϫ	ἰνδ(ικτίων) ζ Ἀθύρ ε ε φορ(ά)	ϕ̣ⲟ̣ⲣⲏⲥ	ⲡⲁⲡⲕⲁⲙ(ⲏ)ⲗ(ⲱⲛ)	ⲥⲟⲩⲟ	:ⲕⲁ: ⲛ̄ϭⲟⲟⲩⲛⲉ
1	ⲓⲉⲣⲁⲝ	-	ⲁⲡⲁⲛⲟϭ	ⲡⲁⲡⲧⲉϣⲛⲏ	ⲥⲟⲩⲟ	ⲓ̅ⲁ̅ ⲛϭⲟⲟⲩⲛⲉ
2	ⲓ̈ⲉⲣⲁⲝ	–	ⲁⲡⲁⲛⲟϭ	ⲡⲙⲁⲛϭⲁⲙⲟⲩⲗ	ⲥⲟⲩⲟ	ⲕ ⲛϭⲟⲟⲩⲛⲉ
3	ⲓⲉⲣⲁⲝ	–	ϕⲓ̈ⲃ	ⲡⲁⲡⲙⲁⲛⲉⲕⲁⲥⲉ	ⲥⲟⲩⲟ	ⲕ ⲛϭⲟⲟⲩⲛⲉ
4	ⲓⲉⲣⲁⲝ	–	ⲙⲁⲑⲓⲁⲥ	ⲡⲁⲡⲕⲁⲙⲏⲗⲱⲛ	ⲥⲟⲩⲟ	ⲕ̅ⲃ̅ ⲛϭⲟⲟⲩⲛⲉ
51	ⲓⲥⲁⲕ	–	ⲃⲓ̈ⲕⲧⲱⲣ	ⲡⲁⲡⲕⲁⲙⲏⲗⲱⲛ	ϭⲣⲟϭ	ⲕ̅ⲃ̅ ⲛϭⲟⲟⲩⲛⲉ
8	ⲕⲁⲧⲁⲩ[...]	–	ⲙⲁⲑⲓⲁⲥ	ⲡⲙⲁⲛϭⲁⲙⲟⲩⲗ	ⲥⲟⲩⲟ	ⲕ ⲛϭⲟⲟⲩⲛⲉ
28	[ⲕⲟⲩ]ⲣⲟⲟⲩ	ιγ ἰν[δ(ικτίωνος)] Θώθ η	–	ⲡⲙⲁⲛϭⲁⲙⲟ[ⲩⲗ...]	ⲥⲟⲩⲟ	–
38	ⲕ̣ⲟ̣ⲩ̣ⲣ̣ⲟⲟⲩ	ιγ ἰνδικ(τίωνος) Θωθ η β φ(ορά)	ϕⲓ̈ⲃ	ⲡⲙⲁⲛⲛⲕⲁⲥⲉ	ⲥⲟⲩⲟ ⲛϭⲣⲟϭ	ⲓⲃ⸗ ⲛϭⲟⲟⲩⲛⲉ
54	ⲕⲟⲩⲣⲟⲟⲩ	ιγ ἰνδ(ικτίωνος) Θωθ η	–	ⲡⲕⲁⲙⲏⲗⲱⲛ	ⲥⲟⲩⲟ ⲛ̀ϭⲣⲟϭ	ⲕⲁ ⲛϭⲟⲟⲩⲛⲉ
55	ⲕⲟⲩ[ⲣⲟⲟⲩ]	[ιγ ἰν]δικ(τίωνος)] [Θωθ η]	ϕⲟⲓⲃⲁⲙⲙⲱⲛ	[ⲡⲙⲁⲛϭⲁⲙⲟ]ⲩⲗ ⲛⲛⲉⲧϣⲱⲛⲉ	ⲛ̀ϣⲟⲩϭⲣⲟϭ	ⲗ ⲛ̀ϭⲟⲟⲩⲛⲉ
9	ⲡⲉⲓⲛϣ̅ⲛ̅	–	ϕⲓ̈ⲃ	ⲡⲁⲡⲙⲁⲛⲉⲕⲁⲥⲉ	ⲥⲟⲩⲟ	ⲕ̅ⲁ̅ ⲛϭⲟⲟⲩⲛⲉ
20	ⲡⲓ[ⲟⲙ]	-	ⲁ̣ⲃ̣ⲣ̣ϩ̣ⲁ̣[ⲙ̣]	–	[ⲛⲥⲟ]ⲩⲟ	[...] ⲛ̀ϭⲟⲟⲩⲛⲉ
21	ⲡⲓ̈ⲛⲟⲩ̣ ⲃⲉ	⳨ ⲃ	ⲓ̈ⲱⲥⲏϕ	ⲡⲙⲁⲛϭⲁⲙⲟⲩⲗ	ⲥⲟⲩⲟ	ⲑ ⲛϭⲟⲟⲩⲛⲉ
6	ⲡⲓ̣̈ [ⲟⲙ]	–	ⲙⲁⲑⲓⲁⲥ	ⲡⲁ[ⲡ]ⲕⲁⲙⲏⲗⲱⲛ	ⲥⲟⲩⲟ	ⲕ̅ⲃ̅ [ⲛ]ϭⲟⲟⲩⲛⲉ
32	ⲡⲓ̈ⲟⲙ	ιγ ἰνδ(ικτίωνος) Φαῶφι ια	ϕⲓ̈ⲃ	ⲡⲙⲁⲛϭⲁⲙⲟⲩⲗ	ⲥⲟⲩⲟ	ⲏ̅ ⲛϭⲟⲟⲛⲉ
33	ⲡⲓ̈ⲟⲙ	ιγ ἰνδ(ικτίωνος) Φαῶφι ῑα	ϕⲟⲓⲃⲁⲙⲙⲱⲛ	ⲡⲁⲡⲕⲁⲙⲏⲗⲱⲛ	ⲥⲟⲩⲟ	ⲕⲏ̅ ⲛϭⲟⲟⲛⲉ

Nº ostracon	Domaine d'origine des produits	Date	Nom du transporteur	Lieu d'origine ou profession du transporteur	Type de produit	Quantité
34	πïομ	ιγ ἰνδ(ικτίωνος) Φαῶφι ϊ	ζαχαρïαϲ	παπκαμηλων	ϲουο	κη νϭοονε
35	πïομ	ιγ ἰνδ(ικτίωνος) Φαῶφι ϊ	κυ̣ρ̣ακοϲ	παπκαμηλων	ϲουο	κη̅ νϭοονε
40	πιομ	ἰνδ(ικτίων) ζ Ἀθύρ α ιβ φορ(ά)	ϲὰκουρα	–	ϲουο	ϊβ ǹϭοουνε
41	πιομ	ἰν[δ](ικτίων) ζ Ἀθύρ α	ϲακουρα	–	ϲουο	ιβ ǹϭοουνε
42	πιομ	ἰνδ(ικτίων) ζ Ἀθύρ η θ φορ(ά)	μακαρε	–	ϲουο	κλ̣ ǹϭοουνε
50	ππαπα απολλω πρωμε παϯ̣ ελ̣ ον θενεμ[τε] ν̣ ϲτεφ(ανοϲ) τογ̄ (?)	–	παβακω	παπκαμηλων	ϲουο ϣητε	ιη νϭοουνε μπ̄ ϭοουνε
48	πτοϣτενουαϩ	ἰνδ(ικτίων) ζ + Φαῶφ(ι) λ̣ ζ φορ(ά)	–	πμανϭαμουλ ντεϣνε	ϲουο	κ ǹϭοουνε
52	πϣεμαμηϊ	-	ζαχαρïαϲ	παπκαμηλων	ϭροϭ	κβ νϭοουνε
53	πϣεμαμηι	–	απανοϭ	πμανϭαμουλ	νϭροϭ	ιη̅ νϭοουνε
39	πϫινια[λ...]	ἰνδ(ικτίων) ζ+ Φα[ῶ]φ(ι) β ζ φορ(ά)	–	πρωμμιϫολ	ϲουο	β (νϭοουνε)
29	πϫïουϣημ	ιγ ἰνδ(ικτίωνος) Θώθ κ	ïακωβ	πμανϭαμουλ ππκυμïτηρν	ϲουο	ιβ̅ νϭοουνε

Nº ostracon	Domaine d'origine des produits	Date	Nom du transporteur	Lieu d'origine ou profession du transporteur	Type de produit	Quantité
30	ⲡϫⲓ̈ⲟⲩⲱⲏⲙ	ιγ ἰνδ(ικτίωνος) Θώθ κζ	ⲓ̈ⲱϩⲁⲛⲏⲥ	ⲡⲙⲁⲛϭⲁⲙⲟⲩⲗ ⲛⲡⲕⲁⲙⲏⲗⲱⲛ	ⲥⲟⲩⲟ	ⲕ͞ⲇ ⲛϭⲟⲟⲛⲉ
31	ⲡϫⲓ̈ⲟⲩⲱⲏⲙ	ιγ ἰνδ(ικτίωνος) Θώθ κζ	ⲫⲓ̈ⲃ	ⲡⲙⲁⲛϭⲁⲙⲟⲩⲗ ⲛⲉⲕⲁⲥⲉ	ⲥⲟⲩⲟ	ⲓ͞ⲃ ⲛϭⲟⲟⲛ[ⲉ]
44	ⲫⲁⲛϫⲟⲓ̈	[ἰνδ(ικτίων) ζ (?)] Ἀθύρ ε	ⲕⲉⲛⲧⲏⲛⲁⲣ(ⲛ͞)	–	ⲥⲟⲩⲟ	:ⲕ: ⲛ͞ϭⲟⲟⲩⲛⲉ
45	ⲫⲁⲛϫⲟⲓ̈	ἰνδ(ικτίων) ζ Ἀθύρ δ ια φορ(ά)	ϩⲏⲗⲓ̈ⲁⲥ	ⲡⲁⲡⲕⲁⲙⲏⲗⲱⲛ	ⲥⲟⲩⲟ	ⲕⲃ ⲛϭⲟⲟⲩⲛⲉ
46	ⲫⲁⲛϫⲟⲓ̈	ἰνδ(ικτίων) ζ Ἀθύρ δ ζ φορ(ά)	ϩⲏⲗⲓ̄ⲁⲥ	ⲡⲁⲡⲕⲁⲙⲏⲗⲱⲛ	ⲥⲟⲩⲟ	:ⲕ: ⲛϭⲟⲟⲩⲛⲉ
26	ⲫⲟⲓ̈ ⲛⲁⲁⲡⲁ ϩⲁⲣⲟⲟⲩ	ι[α (?) ἰνδ(ικτίωνος)] Φ(αῶφι) β	ⲁⲡⲁⲛⲟϭ	ⲡⲙⲁⲛϭⲁⲙⲟⲩⲗ ⲛⲧⲉⲱⲛⲏ ⲙⲡⲉⲛⲉⲓⲱⲧ	ⲥⲟⲩ̄ⲟ	⸗ⲗ⸗ ⲛϭⲟⲟⲩⲛⲉ
49	ⲛ͞[ⲧⲉ] ⲫ ⲟⲓ̈ ⲛ ϩ ⲟ ⲣ ⲟ ⲟ ⲩ	ἰνδ(ικτίων) ϛ Μεσ(ορή) ζ	ⲡ\ⲓ̈ⲟ/ⲙ	–	ⲥⲟⲩⲟ	ϣⲉⲙⲛ͞[ϥⲧⲟⲟⲩ] ⲛϭⲟⲟⲩⲛⲉ
7	ⲧⲁⲩⲣⲓ̈ⲛⲉ	–	ⲫⲓ̈ⲃ	ⲡⲙⲁⲛϭⲁⲙⲟⲩⲗ	–	–
14	ⲧ [...]	–	ⲁⲡⲁⲛ[ⲟϭ]	ⲡⲙⲁⲛϭ[ⲁⲙⲟⲩⲗ]	–	[...] ⲛϭⲟⲟⲩⲛ[ⲉ]
15	[ⲧⲁ]ⲩ ⲣ ⲓ̈ⲛ [ⲉ]	–	ⲃⲓ̈ⲕⲧⲱⲣ	[ⲡ]ⲁⲡⲕⲁⲙⲏⲗⲱⲛ	ⲥⲟⲩⲟ	ⲕ͞ⲃ ⲛϭⲟⲟⲩⲛⲉ
56	ⲧⲁⲩⲣⲓ̈ⲛⲉ	–	ⲁⲡⲁⲛⲟϭ	ⲡⲙⲁⲛϭⲁⲙⲟⲩⲗ	ⲥⲟⲩⲟ ⲓ̈ⲱⲧ	ⲍ͞ ⲛϭⲟⲟⲩⲛⲉ ⲛⲥⲟⲩⲟ ⲅ͞ ⲛϭⲟⲟⲩⲛⲉ ⲛⲓ̈ⲱⲧ
5	ⲧⲉⲗⲉⲙⲉ	–	ϩⲁⲗⲟ	ⲡⲁⲡⲕⲁⲙⲏⲗⲱⲛ	ⲥⲟⲩⲟ	ⲕ͞ⲃ ⲛϭⲟⲟⲩⲛⲉ
58	ⲧⲉⲱⲛⲏ	ἰνδ(ικτίων) η Μεσ(ορή ?) γ γ φ(ορά)	ⲥⲁⲗⲱⲙ	ⲡⲁⲡⲕ(ⲁⲙⲏⲗⲱⲛ)	ⲛⲏⲣⲡ͞	⸗ⲗ⸗ ⲛ͞ⲥⲟⲩⲥⲓⲟⲩ
11	ϣⲉⲧⲛⲟⲩⲃⲉ	–	ⲡⲡⲁⲡⲁ ⲓⲱⲥⲏⲫ	ⲡⲁⲡⲕⲁⲙⲏⲗⲱ	ⲥⲟⲩⲟ	ⲓ͞ⲏ ⲛϭⲟⲟⲩⲛⲉ
12	ϣⲉⲧⲛⲟⲩⲃⲉ	–	ⲡⲡⲁⲡⲁ ⲓ̈ⲱⲥⲏⲫ	ⲡⲁⲡⲕⲁⲙⲏⲗⲱⲛ	ⲥⲟⲩⲟ	ⲓ͞ⲏ ⲛϭⲟⲟⲩⲛⲉ
13	ϣⲉⲧⲛⲟⲩ[ⲃ]ⲉ	–	ⲫⲓ̈ⲃ	ⲡⲁⲡⲙⲁⲛⲉⲕⲁⲥⲉ	ⲥⲟⲩⲟ	ⲕ ⲛϭⲟⲟⲩⲛⲉ

Nº ostracon	Domaine d'origine des produits	Date	Nom du transporteur	Lieu d'origine ou profession du transporteur	Type de produit	Quantité
16	ϣⲓ̣ [...]	–	–	[ⲡⲙⲁⲛ]ϭⲁⲙⲟⲩⲗ	ⲥⲟⲩⲟ	ⲓ[?] [ⲛϭⲟⲟⲩⲛⲉ]
10	ϣⲧⲟϣ	–	ⲙⲁⲑⲓⲁⲥ	ⲡⲁⲡⲕⲁⲙⲏⲗⲱⲛ	ⲥⲟⲩⲟ	ⲕ̄ⲃ̄ⲛϭⲟⲟⲩⲛⲉ
47	[...]ⲟⲗ	ἰνδ(ικτίων) Ἀθύρ ε α φορ(ά)	–	ⲡⲁⲛⲉⲧϣⲱⲛⲉ	ⲥ(ⲟⲩⲟ)	[...] ⲛ ϭⲟⲟⲩⲛⲉ
17	–	–	ϩⲁⲗⲟ	ⲡⲁⲡⲕⲁⲙⲏⲗⲱⲛ	ⲥⲟ̣ [ⲩⲟ]	[...] ⲛϭⲟⲟⲩⲛⲉ
18	–	–	ⲁⲡⲁⲛⲟϭ	ⲡⲙⲁⲛϭⲁⲙⲟⲩⲗ	ⲥⲟⲩⲟ	ⲕ̄ⲇ̄ ⲛϭⲟⲟⲩⲛⲉ
19	–	–	ⲍⲁⲭⲁⲣⲓ̈ⲁⲥ	[ⲡⲁⲡⲕ]ⲁⲙⲏⲗⲱⲛ	ⲥⲟⲩⲟ	ⲕ̄ⲃ̄ [ⲛ]ϭ ⲟ̣ ⲟ̣ⲩⲛⲉ
23	–	–	ⲁⲡⲁⲛ[ⲟϭ]	–	ⲥⲟⲩⲟ	ⲕ̄ⲇ̄ ⲛϭⲟⲟⲩⲛⲉ
24	–	–	–	–	ⲥⲟⲩⲟ	ⲕⲇ ⲛϭⲟⲟⲩ[ⲛⲉ]
25	–	–	ⲥⲉⲣⲛⲉ	ⲡⲙⲁⲛϭⲁⲙⲟⲩⲗ	–	–
27	–	ια ἰνδ(ικτίωνος) Τυβί ιγ	–	ⲛ̄ϭⲁⲙⲟⲩⲗ ⲙ ⲡⲕⲟⲓⲙⲏⲧⲏⲣⲛ̄ ⲙⲛ̄ ⲛⲁϥ'ⲁⲣⲟⲉⲓⲕ	ⲥⲟⲩⲟ	ⲓ̈ⲁ ⲛ̄ϭⲟⲟⲩⲛⲉ
36	–	ιγ ἰνδ(ικτίωνος) Φαῶφι ϊ	ⲁⲡⲁⲛⲟϭ	ⲡⲙⲁⲛϭ[ⲁⲙⲟⲩⲗ]	ⲥⲟⲩⲟ	ⲕ̣̄ⲅ̣̄ ⲛϭⲟⲟⲩⲛⲉ
37	–	ιγ ἰνδ(ικτίωνος) Φαῶφι ῑᾱ	ⲫⲟⲓⲃⲁⲙⲙⲱⲛ	[ⲡⲁ]ⲡ̣ ⲕⲁⲙⲏⲗ(ⲓⲧⲏⲥ)	ⲥⲟⲩⲟ	ⲕ̄ⲏ̄ ⲛϭⲟⲟⲛⲉ
57	–	ἰνδ(ικτίων) ϊα Θωθ θ ϊγ φορ(ά)	ⲟⲩⲉⲛⲟⲃⲣ	ⲛ̄ⲧⲉ ⲓ̈ⲱϩⲁⲛⲛⲏⲥ (ⲡⲙⲁⲛ) ϭⲁⲙ(ⲟⲩⲗ)	ⲟⲓ(ⲛⲟⲩ)	ⲕⲛⲓⲇ(ⲓⲇ) ⲙ (ⲧⲉⲥ) ⲥⲁⲣⲁⲕⲱⲛⲧⲁ
59	–	Μεσορή κθ	ⲉⲛⲱⲭ	ⲡⲣϖ(ⲙⲉ) ⲡⲟⲩⲟⲛⲧⲉ	ⲟⲓ(ⲛⲟⲩ)	ⲗⲁⲕⲱⲛ ⲍ
60	–	–	ⲥⲉⲣⲛⲉ	ⲡⲙⲁⲛ[ϭⲁⲙⲟⲩⲗ]	ⲥⲟⲩⲟ	ⲕ̄ⲇ̄ ⲛϭⲟⲟⲩⲛⲉ
63	–	ⲥⲟⲩ ⲕⲍ ⲗ ⲙⲫⲟⲣ	ⲁⲡⲟⲗⲗⲱ	ⲕⲁⲙ(ⲏⲗⲓⲧⲏⲥ)	–	ϭⲁⲙ(ⲟⲩⲗ) ⲇ ⲥⲟⲩⲥⲓ^ⲟⲩ ⲓ̄ⲉ̄

Annexe 3. Tableau récapitulatif par date

N° ostracon	Date	Nom du transporteur	Domaine d'origine des produits	Lieu d'origine ou profession du transporteur	Type de produit	Quantité
49	ἰνδ(ικτίων) ϛ Μεσ(ορή) ζ	ⲡ\ⲓ̈ⲟ/ⲙ	ⲛ̅[ⲧⲉ] ⲫ̣ⲟ̣ⲓ̈ ⲛ̣ ϩ̣ ⲟ̣ ⲣ̣ ⲟ̣ ⲟ̣ ⲩ̣	–	ⲥⲟⲩⲟ	ϣⲉⲙⲛ̅[ϥⲧⲟⲟⲩ] ⲛϭⲟⲟⲩⲛⲉ
48	ἰνδ(ικτίων) ζ + Φαῶφ(ι) λ̣ ζ φορ(ά)	–	ⲡⲧⲟϣⲧⲉⲛⲟⲩⲁϩ	ⲡⲙⲁⲛϭⲁⲙⲟⲩⲗ ⲛⲧⲉϣⲛⲉ	ⲥⲟⲩⲟ	ⲕ ⲛ̀ϭⲟⲟⲩⲛⲉ
46	ἰνδ(ικτίων) ζ Ἁθύρ δ ζ φορ(ά)	ϩⲏⲗⲓ̈ⲁⲥ	ⲫⲁⲛϫⲟⲓ̈	ⲡⲁⲡⲕⲁⲙⲏⲗⲱⲛ	ⲥⲟⲩⲟ	:ⲕ: ⲛϭⲟⲟⲩⲛⲉ
45	ἰνδ(ικτίων) ζ Ἁθύρ δ ια φορ(ά)	ϩⲏⲗⲓ̄ⲁⲥ	ⲫⲁⲛϫⲟⲓ̈	ⲡⲁⲡⲕⲁⲙⲏⲗⲱⲛ	ⲥⲟⲩⲟ	ⲕⲃ ⲛϭⲟⲟⲩⲛⲉ
43	ἰνδ(ικτίων) ζ Ἁθύρ ε ε φορ(ά)	ⲫ̣ⲟ̣ⲣⲏⲥ	ⲉⲛⲱⲭ	ⲡⲁⲡⲕⲁⲙ(ⲏ)ⲗ(ⲱⲛ)	ⲥⲟⲩⲟ	:ⲕⲇ̣: ⲛ̅ϭⲟⲟⲩⲛⲉ
58	ἰνδ(ικτίων) η Μεσ(ορή ?) γ γφ(ορά)	ⲥⲁⲗⲱⲙ	ⲧⲉϣⲛⲏ	ⲡⲁⲡⲕ(ⲁⲙⲏⲗⲱⲛ)	ⲛⲏⲣⲡ̅	≠ⲗ≠ ⲛ̅ⲥⲟⲩⲥⲓⲟⲩ
40	ἰνδ(ικτίων) ζ Ἁθύρ α ιβ φορ(ά)	ⲥⲁ̀ⲕⲟⲩⲣⲁ	ⲡⲓⲟⲙ	–	ⲥⲟⲩⲟ	ⲓ̈ⲃ ⲛ̀ϭⲟⲟⲩⲛⲉ
41	ἰν[δ](ικτίων) ζ Ἁθύρ α	ⲥⲁⲕⲟⲩⲣⲁ	ⲡⲓⲟⲙ	–	ⲥⲟⲩⲟ	ⲓⲃ ⲛ̀ϭⲟⲟⲩⲛⲉ
57	ἰνδ(ικτίων) ϊα Θωθ θ ϊγ φορ(ά)	ⲟⲩⲉⲛⲟⲃⲣ	–	ⲛ̅ⲧⲉ ⲓ̈ⲱϩⲁⲛⲛⲏⲥ (ⲡⲙⲁⲛ) ϭⲁⲙ(ⲟⲩⲗ)	ⲟⲓ(ⲛⲟⲩ)	ⲕⲛⲓⲇ̣(ⲓⲁ) ⲙ (ⲧⲉⲥ) ⲥⲁⲣⲁⲕⲱⲛⲧⲁ
27	ια ἰνδ(ικτίωνος) Τυβί ιγ	–	–	ⲛ̅ϭⲁⲙⲟⲩⲗ ⲙ ⲡⲕⲟⲓⲙⲏⲧⲏⲣⲡ̅ ⲙⲛ̅ ⲛⲁϯ`ⲁⲣⲟⲉⲓⲕ	ⲥⲟⲩⲟ	ⲓ̈ⲁ ⲛ̅ϭⲟⲟⲩⲛⲉ

Nº ostracon	Date	Nom du transporteur	Domaine d'origine des produits	Lieu d'origine ou profession du transporteur	Type de produit	Quantité
29	ιγ ἰνδ(ικτίωνος) Θώθ κ	ⲓ̈ⲁⲕⲱⲃ	ⲡϫⲓ̈ⲟⲩϣⲏⲙ	ⲡⲙⲁⲛϭⲁⲙⲟⲩⲗ ⲛⲡⲕⲩⲙⲓ̈ⲧⲏⲣⲛ	ⲥⲟⲩⲟ	ⲓ̅ⲃ̅ ⲛϭⲟⲟⲩⲛⲉ
38	ιγ ἰνδικ(τίωνος) Θωθ η β φ(ορά)	ⲫⲓ̈ⲃ	ⲕ̣ⲟ̣ⲩ̣ⲣ̣ⲟⲟⲩ	ⲡⲙⲁⲛⲛⲕⲁⲥⲉ	ⲥⲟⲩⲟ ⲛϭⲣⲟϭ	ⲓⲃ⸗ ⲛϭⲟⲟⲩⲛⲉ
28	ιγ ἰν[δ(ικτίωνος)] Θώθ η	–	[ⲕⲟⲩ]ⲣⲟⲟⲩ	ⲡⲙⲁⲛϭⲁⲙⲟ[ⲩⲗ...]	ⲥⲟⲩⲟ	–
54	ιγ ἰνδ(ικτίωνος) Θωθ η	–	ⲕⲟⲩⲣⲟⲟⲩ	ⲡⲕⲁⲙⲏⲗⲱⲛ	ⲥⲟⲩⲟ ⲛ̀ϭⲣⲟϭ	ⲕⲁ̣ ⲛϭⲟⲟⲩⲛⲉ
55	[ιγ ἰν δικ(τίωνος)] [Θωθ η]	ⲫⲟⲓⲃⲁⲙⲙⲱⲛ	ⲕⲟⲩ[ⲣⲟⲟⲩ]	[ⲡⲙⲁⲛϭⲁⲙⲟ]ⲩⲗ ⲛⲛⲉⲧϣⲱⲛⲉ	ⲛ̀ϣⲟⲩϭⲣⲟϭ	ⲗ̣ ⲛ̀ϭⲟⲟⲩⲛⲉ
30	ιγ ἰνδ(ικτίωνος) Θώθ κζ	ⲓ̈ⲱϩⲁⲛⲛⲏⲥ	ⲡϫⲓ̈ⲟⲩϣⲏⲙ	ⲡⲙⲁⲛϭⲁⲙⲟⲩⲗ ⲛⲡⲕⲁⲙⲏⲗⲱⲛ	ⲥⲟⲩⲟ	ⲕ̅ⲗ̅ ⲛϭⲟⲟⲛⲉ
31	ιγ ἰνδ(ικτίωνος) Θώθ κζ	ⲫⲓ̈ⲃ	ⲡϫⲓ̈ⲟⲩϣⲏⲙ	ⲡⲙⲁⲛϭⲁⲙⲟⲩⲗ ⲛⲉⲕⲁⲥⲉ	ⲥⲟⲩⲟ	ⲓ̅ⲃ̅ ⲛϭⲟⲟⲛ[ⲉ]
35	ιγ ἰνδ(ικτίωνος) Φαῶφι ῑ	ⲕⲩ̣ⲣ̣ⲁⲕⲟⲥ	ⲡⲓ̈ⲟⲙ	ⲡⲁⲡⲕⲁⲙⲏⲗⲱⲛ	ⲥⲟⲩⲟ	ⲕ̅ⲏ̅ ⲛϭⲟⲟⲛⲉ
36	ιγ ἰνδ(ικτίωνος) Φαῶφι ῑ	ⲁⲡⲁⲛⲟϭ	–	ⲡⲙⲁⲛϭ[ⲁⲙⲟⲩⲗ]	ⲥⲟⲩⲟ	ⲕ̣̅ⲅ̣̅ ⲛϭⲟⲟⲩⲛⲉ
37	ιγ ἰνδ(ικτίωνος) Φαῶφι ια̅	ⲫⲟⲓⲃⲁⲙⲙⲱⲛ	–	[ⲡⲁ]ⲡ̣ⲕⲁⲙⲏⲗ(ⲓⲧⲏⲥ)	ⲥⲟⲩⲟ	ⲕ̅ⲏ̅ ⲛϭⲟⲟⲛⲉ
34	ιγ ἰνδ(ικτίωνος) Φαῶφι ῑ	ⲍⲁⲭⲁⲣⲓ̈ⲁⲥ	ⲡⲓ̈ⲟⲙ	ⲡⲁⲡⲕⲁⲙⲏⲗⲱⲛ	ⲥⲟⲩⲟ	ⲕⲏ ⲛϭⲟⲟⲛⲉ
32	ιγ ἰνδ(ικτίωνος) Φαῶφι ια	ⲫⲓ̈ⲃ	ⲡⲓ̈ⲟⲙ	ⲡⲙⲁⲛϭⲁⲙⲟⲩⲗ	ⲥⲟⲩⲟ	ⲏ̅ ⲛϭⲟⲟⲛⲉ
39	ἰνδ(ικτίων) ζ+ Φα[ῶ]φ(ι) β ζ φορ(ά)	–	ⲡϫⲓⲛⲓⲗ[ⲗ...]	ⲡⲣⲱⲙⲙⲓϫⲟⲗ	ⲥⲟⲩⲟ	ⲃ (ⲛϭⲟⲟⲩⲛⲉ)
26	ι[α (?) ἰνδ(ικτίωνος)] Φ(αῶφι) β	ⲁⲡⲁⲛⲟϭ	ⲫⲟⲓ̈ ⲛⲗⲁⲡⲁ ϩⲁⲣⲟⲟⲩ	ⲡⲙⲁⲛϭⲁⲙⲟⲩⲗ ⲛⲧⲉϣⲏⲛ ⲙⲡⲉⲛⲉⲓⲱⲧ	ⲥⲟⲩ̅ⲟ	⸗ⲗ⸗ ⲛϭⲟⲟⲩⲛⲉ

Nº ostracon	Date	Nom du transporteur	Domaine d'origine des produits	Lieu d'origine ou profession du transporteur	Type de produit	Quantité
47	ἰνδ(ικτίων) Ἁθὺρ ε α φορ(ά)	–	[...]ⲟⲗ	ⲡⲁⲛⲉⲧϣⲱⲛⲉ	ⲥ(ⲟⲩⲟ)	[...] ⲛϭⲟⲟⲩⲛⲉ
42	ἰνδ(ικτίων) ζ Ἁθὺρ η θ φορ(ά)	ⲙⲁⲕⲁⲣⲉ	ⲡⲓⲟⲙ	–	ⲥⲟⲩⲟ	ⲕⲁ̣ ⲛ̀ϭⲟⲟⲩⲛⲉ
33	ιγ ἰνδ(ικτίωνος) Φαῶφι ῑα	ⲫⲟⲓⲃⲁⲙⲙⲱⲛ	ⲡⲓ̈ⲟⲙ	ⲡⲁⲡⲕⲁⲙⲏⲗⲱⲛ	ⲥⲟⲩⲟ	ⲕ̄ⲏ̄ ⲛϭⲟⲟⲛⲉ
44	[ἰνδ(ικτίων) ζ (?)] Ἁθὺρ ε	ⲕⲉⲛⲧⲏⲛⲁⲣ(ⲛ̄)	ⲫⲁⲛϫⲟⲓ̈	–	ⲥⲟⲩⲟ	:ⲕ: ⲛ̄ϭⲟⲟⲩⲛⲉ
59	Μεσορή κθ	ⲉⲛⲱⲭ	–	ⲡⲣⲱ̄(ⲙⲉ) ⲡⲟⲩⲟⲛⲧⲉ	ⲟⲓ(ⲛⲟⲩ)	ⲗⲁⲕⲟⲛ ⲍ
63	ⲥⲟⲩ ⲕⲍ ⲗ ⲙⲫⲟⲣ	ⲁⲡⲟⲗⲗⲱ	–	ⲕⲁⲙ(ⲏⲗⲓⲧⲏⲥ)	–	ϭⲁⲙ(ⲟⲩⲗ) ⲗ̣ ⲥⲟⲩⲥⲓ^ⲟⲩ ⲓ̄ⲉ̄
21	⳨ ⲃ	ⲓ̈ⲱⲥⲏⲫ	ⲡⲓ̈ⲛⲟⲩ ⲃ̣ⲉ	ⲡⲙⲁⲛϭⲁⲙⲟⲩⲗ	ⲥⲟⲩⲟ	ⲑ ⲛϭⲟⲟⲩⲛⲉ
1	–	ⲁⲡⲁⲛⲟϭ	ⲓⲉⲣⲁⳅ	ⲡⲁⲡⲧⲉϣⲏⲏ	ⲥⲟⲩⲟ	ⲓ̄ⲁ̣̄ ⲛϭⲟⲟⲩⲛⲉ
2	–	ⲁⲡⲁⲛⲟϭ	ⲓ̈ⲉⲣⲁⳅ	ⲡⲙⲁⲛϭⲁⲙⲟⲩⲗ	ⲥⲟⲩⲟ	ⲕ ⲛϭⲟⲟⲩⲛⲉ
3	–	ⲫⲓ̈ⲃ	ⲓⲉⲣⲁⳅ	ⲡⲁⲡⲙⲁⲛⲉⲕⲁⲥⲉ	ⲥⲟⲩⲟ	ⲕ ⲛϭⲟⲟⲩⲛⲉ
4	–	ⲙⲁⲑⲓⲁⲥ	ⲓⲉⲣⲁⳅ	ⲡⲁⲡⲕⲁⲙⲏⲗⲱⲛ	ⲥⲟⲩⲟ	ⲕ̄ⲃ̄ ⲛϭⲟⲟⲩⲛⲉ
6	–	ⲙⲁⲑⲓⲁⲥ	ⲡⲓ̣̈ [ⲟⲙ]	ⲡⲁ[ⲡ]ⲕⲁⲙⲏⲗⲱⲛ	ⲥⲟⲩⲟ	ⲕ̄ⲃ̄ [ⲛ]ϭⲟⲟⲩⲛⲉ
5	–	ϩⲗⲗⲟ	ⲧⲉⲗⲉⲙⲉ	ⲡⲁⲡⲕⲁⲙⲏⲗⲱⲛ	ⲥⲟⲩⲟ	ⲕ̄ⲃ̄ ⲛϭⲟⲟⲩⲛⲉ
7	–	ⲫⲓ̈ⲃ	ⲧⲁⲩⲣⲓ̈ⲛⲉ	ⲡⲙⲁⲛϭⲁⲙⲟⲩⲗ	–	–
8	–	ⲙⲁⲑⲓⲁⲥ	ⲕⲁⲧⲁⲩ[...]	ⲡⲙⲁⲛϭⲁⲙⲟⲩⲗ	ⲥⲟⲩⲟ	ⲕ ⲛϭⲟⲟⲩⲛⲉ
9	–	ⲫⲓ̈ⲃ	ⲡⲉⲓⲛ̄ϣ̄ⲛ̄	ⲡⲁⲡⲙⲁⲛⲉⲕⲁⲥⲉ	ⲥⲟⲩⲟ	ⲕ̄ⲁ̣̄ ⲛϭⲟⲟⲩⲛⲉ
10	–	ⲙⲁⲑⲓⲁⲥ	ϣⲧⲟϣ	ⲡⲁⲡⲕⲁⲙⲏⲗⲱⲛ	ⲥⲟⲩⲟ	ⲕ̄ⲃ̄ ⲛϭⲟⲟⲩⲛⲉ
11	–	ⲡⲡⲁⲡⲁ ⲓⲱⲥⲏⲫ	ϣⲉⲧⲛⲟⲩⲃⲉ	ⲡⲁⲡⲕⲁⲙⲏⲗⲱⲛ	ⲥⲟⲩⲟ	ⲓ̄ⲏ̄ ⲛϭⲟⲟⲩⲛⲉ

N° ostracon	Date	Nom du transporteur	Domaine d'origine des produits	Lieu d'origine ou profession du transporteur	Type de produit	Quantité
12	–	ⲡⲡⲁⲡⲁ ⲓ̈ⲱⲥⲏⲫ	ϣⲉⲧⲛⲟⲩⲃⲉ	ⲡⲁⲡⲕⲁⲙⲏⲗⲱⲛ	ⲥⲟⲩⲟ	ⲓ̅ⲏ̅ ⲛϭⲟⲟⲩⲛⲉ
13	–	ⲫⲓ̈ⲃ	ϣⲉⲧⲛⲟⲩ[ⲃ]ⲉ	ⲡⲁⲡⲙⲁⲛⲉⲕⲁⲥⲉ	ⲥⲟⲩⲟ	ⲕ ⲛϭⲟⲟⲩⲛⲉ
14	–	ⲁⲡⲁⲛ[ⲟϭ]	ⲧ̣ [...]	ⲡⲙⲁⲛϭ[ⲁⲙⲟⲩⲗ]	–	[...] ⲛϭⲟⲟⲩⲛ[ⲉ...]
15	–	ⲃⲓ̈ⲕⲧⲱⲣ	[ⲧⲁ]ⲩ̣ ⲣ̣ ⲓ̈ⲛ̣ [ⲉ]	[ⲡ]ⲁⲡⲕⲁⲙⲏⲗⲱⲛ	ⲥⲟⲩⲟ	ⲕ̅ⲃ̅ ⲛϭⲟⲟⲩⲛⲉ
16	–	–	ϣⲓ̣ [...]	[ⲡⲙⲁⲛ]ϭⲁⲙⲟⲩⲗ	ⲥⲟⲩⲟ	ⲓ[?] [ⲛϭⲟⲟⲩⲛⲉ]
17	–	ϩⲗⲗⲟ	–	ⲡⲁⲡⲕⲁⲙⲏⲗⲱⲛ	ⲥⲟ [ⲩ̣ⲟ]	[...] ⲛϭⲟⲟⲩⲛⲉ
18	–	ⲁⲡⲁⲛⲟϭ	–	ⲡⲙⲁⲛϭⲁⲙⲟⲩⲗ	ⲥⲟⲩⲟ	ⲕ̅ⲇ̅ ⲛϭⲟⲟⲩⲛⲉ
19	–	ⲍⲁⲭⲁⲣⲓ̈ⲁⲥ	–	[ⲡⲁⲡⲕ]ⲁⲙⲏⲗⲱⲛ	ⲥⲟⲩⲟ	ⲕ̅ⲃ̅ [ⲛ]ϭ ⲟ̣ ⲟ̣ⲩⲛⲉ
20	–	ⲁ̣ ⲃ̣ ⲣ̣ ϩ̣ ⲁ̣ [ⲙ̣]	ⲡ[ⲟⲙ]	–	[ⲛⲥⲟ]ⲩⲟ	[...] ⲛ̀ϭⲟⲟⲩⲛⲉ
22	–	ⲥⲉⲣⲏⲉ	–	ⲡⲙⲁⲛ[ϭⲁⲙⲟⲩⲗ]	ⲥⲟⲩⲟ	ⲕ̅ⲇ̅ ⲛϭⲟⲟⲩⲛⲉ
23	–	ⲁⲡⲁⲛ[ⲟϭ]	–	–	ⲥⲟⲩⲟ	ⲕ̅ⲇ̅ ⲛϭⲟⲟⲩⲛⲉ
24	–	–	–	–	ⲥⲟⲩⲟ	ⲕⲇ ⲛϭⲟⲟⲩ[ⲛⲉ]
25	–	ⲥⲉⲣⲏⲉ	–	ⲡⲙⲁⲛϭⲁⲙⲟⲩⲗ	–	–
50	–	ⲡⲁⲃⲁⲕⲱ	ⲡⲡⲁⲡⲁ ⲁⲡⲟⲗⲗⲱ ⲡⲣⲱⲙⲉ ⲡⲁϥ̣ ⲉⲁ̣ ⲟⲛ ⲑⲉⲛⲉⲙ[ⲧⲉ] ⲛ̣ ⲥⲧⲉⲫ(ⲁⲛⲟⲥ) ⲧⲟⲅ̅(?)	ⲡⲁⲡⲕⲁⲙⲏⲗⲱⲛ	ⲥⲟⲩⲟ ⲥⲏⲛⲧⲉ	ⲓⲏ ⲛϭⲟⲟⲩⲛⲉ ⲙⲛ̅ ϭⲟⲟⲩⲛⲉ
51	–	ⲃⲓ̈ⲕⲧⲱⲣ	ⲓⲥⲁⲕ	ⲡⲁⲡⲕⲁⲙⲏⲗⲱⲛ	ϭⲣⲟϭ	ⲕ̅ⲃ̅ ⲛϭⲟⲟⲩⲛⲉ
52	–	ⲍⲁⲭⲁⲣⲓ̈ⲁⲥ	ⲡϣⲉⲙⲁⲙⲏⲓ̈	ⲡⲁⲡⲕⲁⲙⲏⲗⲱⲛ	ϭⲣⲟϭ	ⲕⲃ ⲛϭⲟⲟⲩⲛⲉ
53	–	ⲁⲡⲁⲛⲟϭ	ⲡϣⲉⲙⲁⲙⲏⲓ	ⲡⲙⲁⲛϭⲁⲙⲟⲩⲗ	ⲛϭⲣⲟϭ	ⲓ̅ⲏ̅ ⲛϭⲟⲟⲩⲛⲉ
56	–	ⲁⲡⲁⲛⲟϭ	ⲧⲁⲩⲣⲓ̈ⲛⲉ	ⲡⲙⲁⲛϭⲁⲙⲟⲩⲗ	ⲥⲟⲩⲟ ⲓ̈ⲱⲧ	ⲍ̅ ⲛϭⲟⲟⲩⲛⲉ ⲛⲥⲟⲩⲟ ⲅ̅ ⲛϭⲟⲟⲩⲛⲉ ⲛⲓ̈ⲱⲧ

Ministère de l'Enseignement supérieur et de la Recherche, Paris – Publication de l'Institut français d'archéologie orientale.
Dépôt légal : 1er trimestre 2016 ; numéros d'éditeur et d'imprimeur 1126/1508.

DIFFUSION
Ventes directes et par correspondance

Au Caire
à l'IFAO,
37 rue al-Cheikh Ali Youssef (Mounira)
[B.P. Qasr al-'Ayni n° 11562]
11441 Le Caire (R.A.E.)
Section Diffusion Vente →

Fax: (20.2) 27 94 46 35
Tél.: (20.2) 27 97 16 00
http://www.ifao.egnet.net

Tél.: (20.2) 27 97 16 22
e-mail: ventes@ifao.egnet.net

En France
Vente en librairies
Diffusion: AFPU
Distribution: SODIS

Réimpression: mai 2021.